U0523299

本书受国家社会科学基金项目"基于消费者选择行为的新能源汽车研发财政资助政策研究"(17XGL008)和重庆市自然科学基金项目"电子商务环境下无人机配送运营模式研究"(cstc2019jcyj-msxmX0616)的资助

基于顾客行为的
新能源汽车研发补贴政策

黄波　李宇雨◎著

中国社会科学出版社

图书在版编目(CIP)数据

基于顾客行为的新能源汽车研发补贴政策/黄波,李宇雨著. —北京:中国社会科学出版社,2024.1
ISBN 978-7-5227-3105-6

Ⅰ.①基…　Ⅱ.①黄…②李…　Ⅲ.①政府补贴—影响—新能源—汽车工业—产业发展—研究—中国　Ⅳ.①F426.471

中国国家版本馆 CIP 数据核字(2024)第 041472 号

出 版 人	赵剑英
责任编辑	李斯佳
责任校对	刘　娟
责任印制	戴　宽

出　　版	中国社会科学出版社
社　　址	北京鼓楼西大街甲 158 号
邮　　编	100720
网　　址	http://www.cssppw.cn
发 行 部	010-84083685
门 市 部	010-84029450
经　　销	新华书店及其他书店

印　　刷	北京君升印刷有限公司
装　　订	廊坊市广阳区广增装订厂
版　　次	2024 年 1 月第 1 版
印　　次	2024 年 1 月第 1 次印刷

开　　本	710×1000　1/16
印　　张	14.75
插　　页	2
字　　数	186 千字
定　　价	89.00 元

凡购买中国社会科学出版社图书,如有质量问题请与本社营销中心联系调换
电话:010-84083683
版权所有　侵权必究

前　言

当前，传统燃油车增加了化石能源和环境污染的双重压力，以清洁动力燃料为特征的新能源汽车（New Energy Vehicles，NEVs）越发成为汽车工业转型升级的重要方向。与传统燃油车相比，NEVs产业属于高投入、高风险以及高技术的知识密集型产业，且从当前来看，NEVs仍处在技术采用生命周期（Technology Adoption Life Cycle，TALC）的第二阶段，即技术与商业示范期，因而离不开政府财政政策的大力扶持。

通过政府补贴而创造的"比较优势"不仅能够推动消费者购买NEVs，也可缓解企业研发活动所产生的高额成本，促进企业持续创新。然而，在普惠性政府补贴下，大量NEVs企业不但没有积极重视技术创新，反而缺乏技术研发动力，患上了政策依赖症；同时，政府和企业缺乏对消费者选择行为的调查和理解，产品性能特征不满足消费者需求，政府补贴也难以激励消费者选择新能源汽车，产品销量极低，政府补贴的研发激励作用未能取得预期效果。

激励企业研发的财政资助政策很多，有产品补贴（给企业或消费者）、研发投入补贴、研发成果补贴、适当时机不补贴；每种补贴政策有多种方式，如产品补贴包括价格补贴、税收优惠、互补品价格补贴、信贷优惠等。因此，政府制定财政资助政策时，需充分考虑消费者面对新能源汽车的选择行为，丰富其补贴政策，从可行的补贴政策中进行选择和优化设计，根据补贴目标设计出有效激励企业和消费者的最优政策。

本书通过构建"政府补贴、企业研发决策和消费者选择"三位一体的理论分析框架，在厘清政府补贴与企业创新间的作用机理以及消费者选择新能源汽车的影响因素的基础上，将消费者选择行为和技术采用生命周期引入产品研发投资决策模型，构建起政府、消费者、NEVs制造企业的序贯博弈模型，研究NEVs制造企业研发投资决策，分析不同补贴政策和消费者选择行为对企业研发策略的影响，得出政府不同补贴目标下的最优补贴政策。

本书分三篇共九章内容。第一篇为机理分析篇，包括第一章"消费者选择、政府补贴与NEVs企业决策的分析框架"、第二章"NEVs企业创新信号与政府补贴反馈的实证研究"、第三章"政府补贴认证信号与NEVs企业融资反馈的实证研究"和第四章"消费者选择NEVs的影响因素实证研究"。第一篇在系统梳理我国NEVs产业的历史演进与政策变迁的基础上，通过构建消费者行为选择、政府补贴政策与企业决策三者融合的理论分析框架，分析了政府补贴与企业创新间的作用机理，找出了消费者选择新能源汽车的影响因素。

第二篇为机制设计篇，包括第五章"基于TALC和顾客选择的NEVs购置补贴策略研究"、第六章"基于TALC和顾客选择的NEVs研发成果补贴策略研究"、第七章"基于TALC和顾客选择的NEVs绿色信贷补贴策略研究"和第八章"购置补贴对NEVs产业研发投入影响研究"。第二篇通过构建购置补贴、研发成果补贴、绿色信贷补贴和产品补贴4种政府补贴政策和消费者选择行为下的新能源汽车企业研发策略模型，讨论目标多元化、利润最大化以及销量最大化目标下企业的最优研发策略，设计出不同政府目标和企业目标下的新能源汽车企业研发投资激励机制。

第三篇为对策建议篇，包括第九章"政策建议"。第三篇针对现阶段政府对新能源汽车的补贴政策中存在的问题，基于本书机理分析和机制设计的内容和结论，提出有针对性和可行性的政府对新能源汽车企业研发投入的财政资助政策建议。

本书有关研究得到国家社科基金项目（编号：17XGL008）和重庆市自然科学基金项目（编号：cstc2019jcyj-msxmX0616）的资助。本书的编写和出版得到了中国社会科学出版社和重庆大学经济与工商管理学院的大力支持，在此一并表示衷心感谢。

黄 波
2022年10月

目 录

第一篇 机理分析篇

第一章 消费者选择、政府补贴与 NEVs 企业决策的分析框架 …（3）
第一节 我国 NEVs 产业的演进与政策梳理 …………（3）
第二节 NEVs 财政补贴现状及问题 ………………（17）
第三节 消费者、政府、汽车企业三者融合的内在机理 ……（23）

第二章 NEVs 企业创新信号与政府补贴反馈的实证研究 ……（27）
第一节 问题的提出 ………………………（27）
第二节 理论建模 ………………………（29）
第三节 实证结果分析 ……………………（40）

第三章 政府补贴认证信号与 NEVs 企业融资反馈的实证研究 …（49）
第一节 问题的提出 ………………………（49）

第二节　研究设计 ………………………………………… (53)
　　第三节　实证结果分析 …………………………………… (58)

第四章　消费者选择 NEVs 的影响因素实证研究 ………… (79)
　　第一节　问题的提出 ……………………………………… (79)
　　第二节　研究设计 ………………………………………… (81)
　　第三节　影响因素实证结果分析 ………………………… (84)
　　第四节　门槛效应实证结果分析 ………………………… (92)

第二篇　机制设计篇

第五章　基于 TALC 和顾客选择的 NEVs 购置
　　　　补贴策略研究 ……………………………………… (101)
　　第一节　问题的提出 ……………………………………… (101)
　　第二节　研究设计 ………………………………………… (103)
　　第三节　模型分析 ………………………………………… (108)
　　第四节　仿真分析 ………………………………………… (115)

第六章　基于 TALC 和顾客选择的 NEVs 研发成果
　　　　补贴策略研究 ……………………………………… (118)
　　第一节　问题的提出 ……………………………………… (118)
　　第二节　研究设计 ………………………………………… (120)
　　第三节　模型分析 ………………………………………… (125)
　　第四节　仿真分析 ………………………………………… (133)

第七章 基于 TALC 和顾客选择的 NEVs 绿色信贷补贴策略研究 ……（137）

第一节 问题的提出 ……（137）

第二节 研究设计 ……（139）

第三节 模型分析 ……（145）

第四节 仿真分析 ……（161）

第八章 购置补贴对 NEVs 产业研发投入影响研究 ……（166）

第一节 问题的提出 ……（166）

第二节 模型假设 ……（167）

第三节 最优研发投入策略求解 ……（169）

第四节 购置补贴挤入效应分析 ……（180）

第五节 数值模拟 ……（182）

第三篇 对策建议篇

第九章 政策建议 ……（189）

附录 ……（195）

参考文献 ……（199）

第一篇

机理分析篇

第一章 消费者选择、政府补贴与 NEVs 企业决策的分析框架

面对普惠性补贴下 NEVs（New Energy Vehicles，新能源汽车）企业创新活力缺乏以及 NEVs 乘用车市场活力低沉等现实困境，将消费者选择行为纳入 NEVs 政府补贴和企业研发决策之中成为 NEVs 研究的重要议题。本章在系统梳理了中国 NEVs 产业的历史演进与政策变迁的基础上，整体把握了当前中国 NEVs 产业发展面临的挑战和机遇。进一步地，本章构建了消费者行为选择、政府补贴政策与企业决策三者融合的理论分析框架，有效促进了消费者、政府以及企业三大主体的有效支撑、相互衔接，进而形成了良性互动和协同演进机制。

第一节 中国 NEVs 产业的演进与政策梳理

一 中国 NEVs 产业的历史演进

自改革开放以来，通过政策引导和自主创新，中国的汽车产业快速崛起，逐渐成为全球范围内汽车电动化、智能化、共享化方向

的倡导者和引导者。党中央、国务院将 NEVs 产业发展作为"保增长、扩内需、调结构"的重要工作之一,将其纳入"汽车产业调整振兴规划"之中,为中国战略性结构调整指明了重要方向。在国家宏观顶层设计和战略布局的框架下,中国 NEVs 产业发展也经历了从无到有、从小到大、从低到高、从弱到强的演进过程,具体分为四个阶段(见图 1-1)。

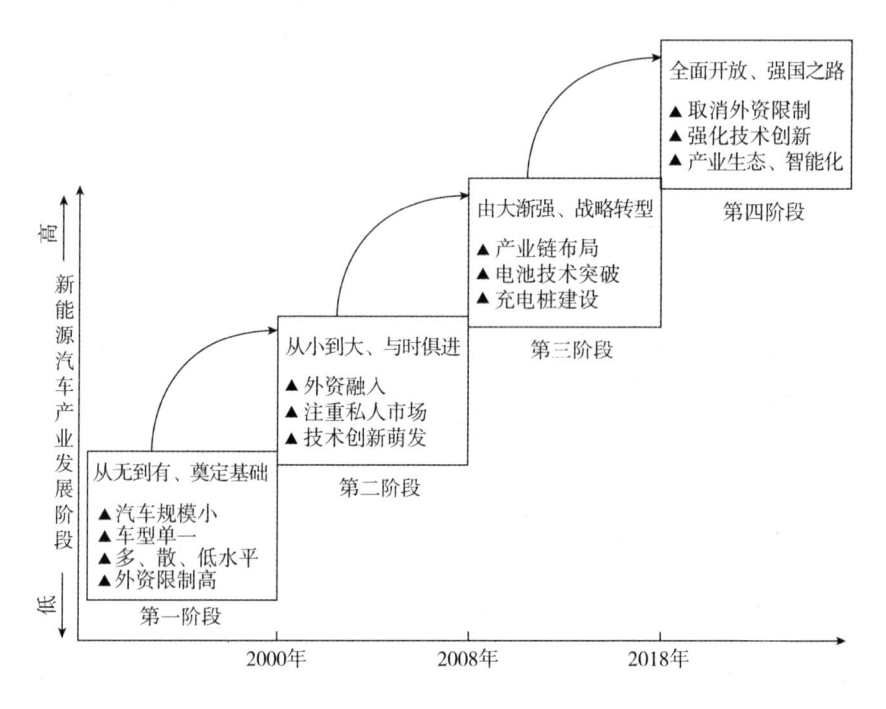

```
新能源汽车产业发展阶段

第一阶段(2000年前)
从无到有、奠定基础
▲ 汽车规模小
▲ 车型单一
▲ 多、散、低水平
▲ 外资限制高

第二阶段(2000—2008年)
从小到大、与时俱进
▲ 外资融入
▲ 注重私人市场
▲ 技术创新萌发

第三阶段(2008—2018年)
由大渐强、战略转型
▲ 产业链布局
▲ 电池技术突破
▲ 充电桩建设

第四阶段(2018年后)
全面开放、强国之路
▲ 取消外资限制
▲ 强化技术创新
▲ 产业生态、智能化
```

图 1-1 NEVs 产业发展的阶段演化

资料来源:根据相关资料自行整理。

(一)第一阶段:从无到有、奠定基础(1949—2000 年)

中华人民共和国成立以来,由于高度集中的计划经济体制和各种其他原因,中国汽车工业总体规模十分弱小,并未形成一套独特的产业体系,车型也以卡车、军用汽车为主。直到 1978 年,改革开放作为一项基本国策被正式实施,外资的不断涌入加速了中国社会经济的发展，人民收入不断提高的同时也催生了对汽车消费的需求。基于此，外资企业与国有企业展开了一系列合作，为汽车工业技术的发展提供了沃土，进而形成了以北京克莱斯勒、上汽大众、长安福特、长安铃木、长安马自达、一汽大众为代表的中外合资企业。

然而，在外资政策的推动下，中国的汽车产业发展仍旧十分缓慢。相关数据显示，1978年中国汽车生产量为18万辆，且车型仅以卡车为主。而到了1994年，全国汽车生产总量达136万辆，但其中轿车产量仅为20多万辆。究其原因主要有三个方面：其一，处于计划经济管理体制下的汽车产业受到政府行政管理，市场竞争机制不成熟；其二，中央及地方分税制虽激发各地建厂热情，但也造成了汽车厂"多、散、低水平"的局面，因此竞争力不强；其三，合资企业中，中方在汽车相关关键技术和管理技术方面并不掌握核心优势，但相关零部件资源却又被国有企业垄断，导致双方未能建立一套良性发展的生态体系。因此，中国的汽车工业在1994年以前并未形成成熟的产业体系。随后，《汽车工业产业政策》的出台鼓励了汽车私人消费，为外汇平衡、外资所占股份、最低国产化率等方面提供了量化标准，这些条款为中国汽车产业自主发展留下了充足空间，中国汽车产业也得到了前所未有的发展。

（二）第二阶段：从小到大、与时俱进（2001—2008年）

自2001年中国加入WTO以后，中国现存的管理体制、对外贸易、经济政策以及市场体系逐渐受到外资的冲击，中国汽车产业的自主空间变得越来越狭窄，具体表现为围绕着汽车生产的关键零部件进口每年增长速度高达15%，同时私人汽车市场活力凸显不够，相关消费政策体系并未健全，内生消费动力并没有被很好地激发。此外，中国国内汽车企业对外国汽车企业依赖度过高，尤其表现在技术创新和精细化加工两个方面，这不仅阻碍了中国自主品牌的独立成长，同时也限制了中国汽车工业的发展。

本着保护弱小产业发展的原则，中国颁布了第二部较为完整的汽车产业发展政策——《汽车产业发展政策》，重点加强对私人企业消费市场的关注与开发。进一步地，中国取消了对汽车发动机的外资持股限制以及产品国产率最低限制，大范围地激励中国自主研发和技术创新，在汽车生产标准、管理体制、市场资源配置、宏观调控上展开了大量创新。在此产业政策引导下，中国的汽车工业进入全新的快车道。相关数据显示，截至2008年中国每年的汽车总产量突破1000万辆，2009年汽车销售1365万辆，同比增长46.15%，中国一跃成为世界上最大的汽车产销国。

(三) 由大渐强、战略转型 (2009—2017年)

高投资、高增长模式下的产业发展策略无疑给中国汽车工业的发展带来了显著的增长。然而，在2008年以美国次贷危机为导火索而爆发的国际金融危机重创了中国高速发展的汽车工业，全球投资规模不仅大幅缩减，国内汽车增长也进入了漫长的"寒冬期"。此外，环境污染和石油能源消耗已成为世界经济可持续发展的重要议题，中国因其市场规模大而长期对石油依赖度很高。对此，党中央、国务院对汽车产业发展做出了"保增长、扩内需、调结构"的战略布局，明确提出中国汽车工业应该向电动化转型，大力发展以节能为主的NEVs产业，推动NEVs和清洁汽车的示范应用。

对此，国务院于2009年批准了《汽车产业调整和振兴规划》，将NEVs产业列为"国家七大战略性新兴产业"之一。为此，中国的各大汽车生产厂商针对NEVs的各大环节进行布局和建设，逐步形成了以正负极材料、隔膜、电解液、电芯、电机、充电桩、充电站、车身、电控、BMS等为主的产业链条。当前，NEVs推广进一步扩大，各大城市均建立起自己独特的NEVs发展体系。此外，充电桩、电池、充电效率以及充电站等基础硬件设施不断完善，北京、上海、重庆等城市已经解决了 NEVs 充电难的问题，这无疑加速了 NEVs 替代传统燃油车的速度，对环境保护具有重要意义。

（四）全面开放、强国之路（2018 年至今）

当前，中国政府更加重视 NEVs 产业的发展并将其作为未来发展的重要方向。2018 年，习近平总书记在博鳌亚洲论坛指出"要大幅放宽市场准入，尽快放宽汽车行业的外资股比限制；降低汽车进口关税"。在宏观政策进一步释放的有利背景下，NEVs 乘用车、商用车市场外资股比限制取消，加快了市场导向下的 NEVs 产业的发展速度。在深入实施创新驱动发展战略宏观背景下，中国的 NEVs 市场将以更加饱满的热情聚焦于技术研发、关键技术突破、电池领域、充电效率、充电站（桩）建设、商业运营服务以及配套设施等多方环节，更快地推动 NEVs 产业的生态化、智能化、数字化以及信息化发展。

二 NEVs 系列产业政策梳理

中国 NEVs 系列推广政策始于 2009 年，主要是针对 NEVs 相关产业技术和零部件生产加工产业化而给予的资金补助。其一，由于当时国内汽车保有量大幅提升并一跃成为世界最大的汽车产销国，石油依赖度和尾气污染越发严重，如何降低对化石能源的依赖、提升汽车产业的整体水平成为中国汽车面临的重大问题。其二，以美国次贷危机为导火索的国际金融危机大爆发，国际投资和制造业加工受到重创，许多知名汽车制造厂商逐渐降低对产业规模化的投入，使当时汽车产业的整体发展受到了不小的阻碍。其三，中国汽车工业在发动机、零部件制造以及关键技术领域长期处于产业价值链底层，中国整体加工工艺亟待从"中国制造"向"中国创造"

转变,从"制造大国"向"制造强国"转变,这要求中国自主汽车品牌制造企业需要以更大精力去注重技术研发,摆脱国外对关键核心技术的封锁。

在国际环境越发动荡、产业发展越发萎缩、国内创新日趋重要的多重背景下,2019年党中央、国务院发布了《汽车产业调整和振兴规划》,明确强调了要重点发展NEVs和清洁能源汽车。2010年国务院将NEVs产业列为"国家七大战略性新兴产业",并投入大量资金来支持NEVs及其相关零部件产业化发展。因此,早期NEVs有关补贴以产业补贴和生产支持类补贴为主。随着补贴政策进一步拓宽,消费者购买和使用NEVs时也能得到政府的相应补贴,具体包括了购置补贴、使用补贴、购置税补贴、换车折扣等。据此,NEVs相关政府补贴政策大致囊括了生产类、使用类、购置类、基础设施类等,如图1-2所示。

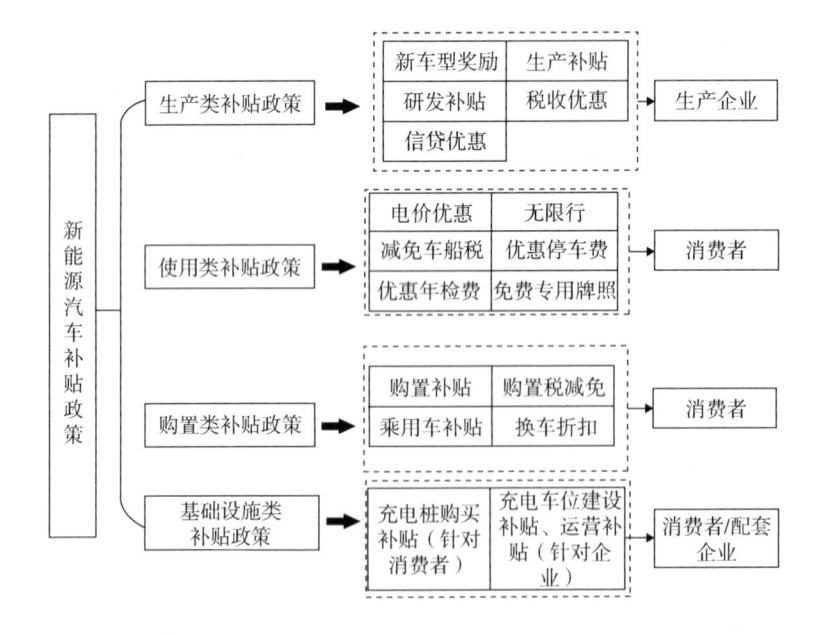

图1-2 NEVs产业部分资助政策汇总

资料来源:根据相关资料自行整理。

(一) 生产类政府补贴政策

生产类政府补贴政策主要针对汽车制造商从事 NEVs 技术研发、生产以及销售等活动而进行的补贴，主要包括新车型奖励、生产奖励、研发补贴、税收优惠、信贷优惠，等等。按照《新能源汽车补贴标准》和《关于开展节能与新能源汽车示范推广试点工作的通知》等相关文件，对满足支持条件的 NEVs 按 3000 元/千瓦时给予相应补贴，其中插电式混合动力电动车最高补助 5 万元/辆，纯电动车最高补助 6 万元/辆，最大电功率比在 50% 以上的燃料电池公交客运车最高补助 60 万元/辆。2009 年，财政部、科技部已经对北京、重庆、上海、杭州、武汉、大连、深圳、济南、长沙、南昌、长春、合肥、昆明 13 个城市开展了 NEVs 推广示范工作，对相关生产厂商展开了财政资助。中国 NEVs 产业本身就面临产业化不足、生产成本过高等问题，政府对汽车制造商展开的生产类补贴旨在降低企业的成本压力和经营风险，激励汽车制造商从事 NEVs 技术研发和零部件产业化。因此，生产类政府补贴政策极大地调动了传统汽车制造厂商转型 NEVs 生产的积极性，对该产业的发展具有重大的推动作用。表 1-1 展示了国家补贴 NEVs 的部分财政补贴标准。

表 1-1　　　　　　　　NEVs 推广应用补贴标准

2013 年补贴标准（万元/辆）			
车辆类型	纯电续驶里程 R（工况法、公里）		
	80≤R<150	150≤R<250	R≥250	R≥50
纯电动乘用车	3.5	5	6	/
插电式混合动力乘用车	/	/	/	3.5

续表

2016—2018年补贴标准（万元/辆）

年份	纯电动乘用车					插电式混合动力乘用车
	100≤R<150	150≤R<200	200≤R<250	250≤R<300	300≤R<400	R≥400	R≥50
2016	2.5	4.5			5.5		3
2017	2	3.6			4.4		2.4
过渡期	1.4	2.52			3.08		1.68
2018	—	1.5	2.4	3.4	4.5	5	2.2

新能源客车补贴标准（万元/辆）

车辆类型	中央补贴标准（元/kWh）	中央财政补贴调整系数			中央财政补贴上限（万元/辆）			地方财政补贴（万元/辆）
					6<L≤8m	8<L≤10m	L>10m	
非快充类纯电动客车	1800	系统能量密度（Wh/Kg）			9	20	30	不超过中央财政单车补贴金额的50%
		85—95（含）	95—115（含）	115以上				
		0.8	1	1.2				

2013年补贴标准（万元/辆）

快充类电动客车	3000	快充倍率			6	12	20	
		3C—5C（含）	5C—15C（含）	15C以上				
		0.8	1	1.4				
插电式混合动力课程	3000	节油率水平			4.5	9	15	
		40%—45%（含）	45%—60%（含）	60%以上				
		0.8	1	1.2				

新能源乘用车补贴标准（万元/辆）

车辆类型	纯电续驶里程R（工况法、公里）			地方财政补贴（万元/辆）
	100≤R<150	150≤R<250	R≥250	R≥50	

续表

插电式混合动力乘用车	2	3.6	4.4	/	不超过中央财政单车补贴金额的50%
插电式混合动力乘用车	/	/	/	2.4	

新能源货车和专用车补贴标准（万元/辆）

车辆类型	补贴标准			中央财政补贴标准（万元/辆）	地方财政补贴（万元/辆）
以动力电池驱动为主	30（含）kWh以下部分	30—50（含）kWh部分	50kWh以上部分		
	1500	1200	1000	1.5	不超过中央财政乘车补贴金额的50%

—	补贴标准
燃料电池乘用车	20
燃料电池轻型客车、货车	30
燃料电池大中型客车、中重型货车	50

注：插电式混合动力乘用车包含增程式电动车；2018年NEVs推广补贴标准分为三个阶段：①2018年1月1日至2018年2月11日为第一阶段，其补贴金额按照2017年补贴标准实施；②2018年2月12日至2018年6月11日为第二阶段（也称"过渡阶段"），其补贴金额按照发布的过渡时期补贴标准实行；③2018年6月12日至2018年12月31日为第三阶段，其补贴金额按照2018年补贴标准实施。

资料来源：李国栋、罗瑞琦、谷永芬：《政府推广政策与新能源汽车需求：来自上海的证据》，《中国工业经济》2019年第4期；作者根据《财政部 科技部 工业和信息化部 发展改革委员会关于继续开展新能源汽车推广应用的通知》《关于调整NEVs推广应用财政补贴政策的通知》以及《关于2016—2020年新能源汽车推广应用财政支持政策的通知》相关文件自行整理。

此外，2009—2017年仅国家层面出台的NEVs补贴政策支持文件就多达122项，2009—2015年仅中央政府发放的各类购置补贴金额就高达334.35亿元。而到了2018年年初，中央及地方发放的NEVs补贴金额已经超过千亿元人民币。从整体上来看，2012—2017年各级政府已经为NEVs的发展提供了雄厚的资金保障，仅江淮汽车和比亚迪汽车就分别获得国家补贴资金10亿元和45亿元，如图1-3所示。

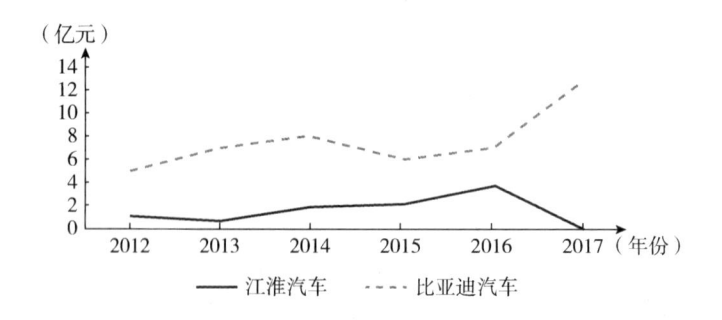

图 1-3　2012—2017 年江淮汽车、比亚迪汽车的 NEVs 补贴情况

资料来源：根据相关资料自行整理。

(二) 使用类政府补贴政策

使用类政府补贴政策主要体现在电价优惠、无限行、免费专用牌照、减免车船税、优惠停车费以及年检费等方面。首先，电价优惠、车船税、优惠停车费以及年检费很大程度上降低了消费者对 NEVs 的使用成本，相比于传统燃油车而言形成了成本优势，因而形成了相对优势。其次，无限行和免费专用牌照增加了消费者使用的便捷性，提升了产品的使用满意度，尤其是在车辆限行的城市和地区，无限行和免费专用牌照无疑提升了消费者购买 NEVs 的主动动机。最后，从产品端来看，使用类政府补贴政策将 NEVs 所产生的一系列费用转移至财政税收方面，提升了政府转移支付的能力，这有助于促进地区经济圈的动态循环。

(三) 购置类政府补贴政策

购置类政府补贴政策（见图 1-4）主要针对消费者购买 NEVs 而涉及的系列政策补贴组合，主要包括购置补贴、购置税减免、乘用车补贴以及换车折扣等。相比于传统燃油汽车一两百年的发展历史，NEVs 的发展和普及明显处于产品导入期，NEVs 产品的研发、设计、生产、组装、车型、性能以及舒适度均无法与当前同等价位的燃油车比拟。此外，当前NEVs产业仍未跨越规模经济曲线，即对于拥有同等性能的NEVs和燃油汽车而言，NEVs的价格明显高于传统燃油车。基于此，消费者并不青睐于购买NEVs。

■ 2013年9月
《关于继续开展新能源汽车推广应用工作的通知》
对消费者购买新能源汽车给予补贴

■ 2015年4月
《关于2016—2020年新能源汽车推广应用财政支持政策的通知》
对消费者购买新能源汽车实行普惠制补贴制度

■ 2016年12月
《关于调整新能源汽车推广应用财政补贴政策的通知》
对消费者购买新能源汽车的补贴退坡20%

■ 2018年12月
《关于调整新能源汽车推广应用财政补贴政策的通知》
更加细分的补贴政策，实现了"低退高补"的态势

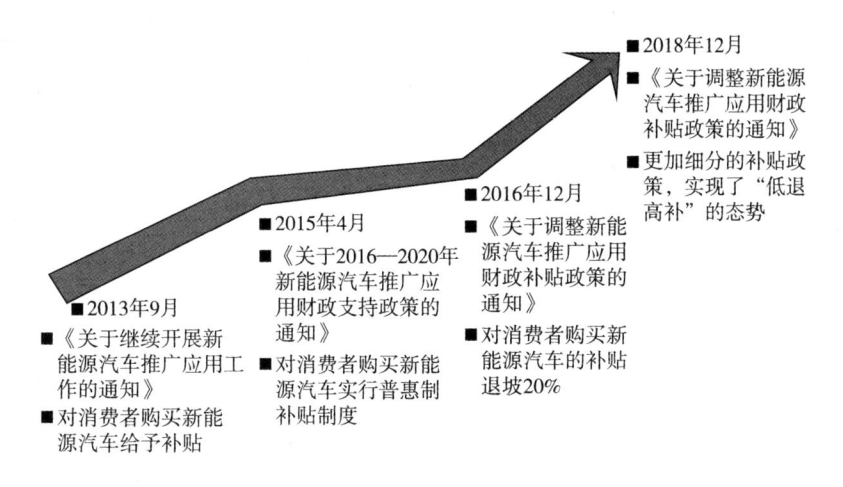

图1-4　消费者购买NEVs国家级补贴政策

资料来源：前瞻研究院。

（四）基础设施类政府补贴政策

基础设施类政府补贴政策指的是针对消费者和相关企业从事NEVs基础设施建设而展开的相应补贴，主要包括消费者购买充电桩所涉及的购置补贴以及相关企业、单位从事建造充电桩、充（换）电站所涉及的建设补贴和运营补贴。中国充电联盟最新统计数据显示，截至2020年中国的汽车堆比[①]为3.4∶1，即中国拥有360万辆NEVs，但充电桩数量却只有121.87万个，其中公共充电桩数量为51.60万个，私人充电桩数量为70.27万个，NEVs充电桩数量明显不足。稳步增长的NEVs销量和落后的基础配套设施之间形成鲜明对比，大量消费者也反映出充电难、充电效率低是阻碍

---

① 汽车堆比指的是NEVs数量与充电桩数量之比。

其购买 NEVs 的重要因素。为此，国家从 NEVs 产业全局出发，出台了一系列政策措施来完善充电基础设施发展，如《关于加快新能源汽车推广应用的指导意见》《电动汽车充电基础设施发展指南（2015—2020 年）》等。

各级地方政府针对各自实际情况，因地制宜地制定了系列扶持基础设施建设的补贴办法。例如，江苏宿迁市计划于 2020 年在城市范围内建设充电桩 300 个（包含直流桩和交流充电桩各 150 个），其中直流充电桩的补贴标准为每千瓦 900 元，交流充电桩每千瓦补贴 600 元，单个充电站或充电桩群的补贴总额不超过 120 万元。贵阳市则计划在"十三五"时期规划建设约 300 个充电站和 1.2 万个充电桩，其中对于已经完成充电桩建设的企业按照不超过总投资额度 10% 的比例来给予补贴。杭州市计划 2020 年共新建充（换）电站不少于 160 座，其中分散式充电桩不少于 63000 个。而对投资建设本市公用和公共充（换）电设施［含充（换）电站、电桩及装置］的，按照实际投资额的 25% 给予补贴。上海市于 2020 年颁布的《上海市促进电动车充（换）电设施互联互通有序发展暂行办法》和《关于促进本市汽车消费若干措施》相关文件中明确表示要支持在居民区建设智能充电桩，支持自（专）用充电桩改建共享使用并按照 500 元/桩的补贴标准进行补贴。同时，给予充电设备补贴政策，充电设施（含解决油车占位的停车设施）按充电设备金额 50% 的标准给予补贴，直流充电设施每千瓦补贴上限 600 元，交流充电设施千瓦补贴上限 300 元。深圳市按照充电设施装机功率，对直流充电设备给予 400 元/千瓦建设补贴；对 40 千瓦及以上交流充电设备给予 200 元/千瓦建设补贴，40 千瓦以下交流充电设备给予 100 元/千瓦建设补贴。北京市则按照 0.1 元/千瓦时，上限为 1500 千瓦时/千瓦·年的标准进行补贴。表 1-2 列举了部分城市充电基础设施建设补贴标准。

表1-2 部分城市充电基础设施建设补贴标准

城市	政策文件	补贴标准
上海市	《上海市促进电动汽车充（换）电设施互联互通有序发展暂行办法》《关于促进本市汽车消费若干措施》	◆自建充电桩：500元/桩； ◆直流充电设施：600元/千瓦； ◆交流充电设施：300元/千瓦； ◆公共充电桩："一星"度电基本补贴0.2元/千瓦时；"二星"度电基本补贴0.5元/千瓦时；"三星"度电基本补贴0.8元/千瓦时 ◆专用充电桩和换电设施："一星"度电基本补贴0.1元/千瓦时；"二星"度电基本补贴0.2元/千瓦时；"三星"度电基本补贴0.3元/千瓦时
深圳市	《深圳市2019—2020年新能源汽车推广应用财政补贴实施细则》《关于落实新能源汽车路边停车优惠政策的通告》	◆直流充电设备补贴：400元/千瓦； ◆交流充电设备补贴：200元/千瓦（40千瓦及以上）；100元/千瓦（40千瓦以下）
北京市	《2019—2020年度北京市电动汽车社会公用充电设施运营考核奖励实施细则》《2020年度北京市单位内部公用充电设施建设补助资金申报指南》	◆充电基础设施运营补贴：0.1元/千瓦时，上限1500千瓦时/千瓦·年
重庆市	《关于2019年申报充电基础设施建设补贴有关事项的通知》	◆直流充电设施建设补贴：400元/千瓦（专业充电桩）；300元/千瓦（社会充电桩）； ◆交流充电设施补贴：100元/千瓦
成都市	《成都市支持氢能暨新能源汽车产业发展及推广应用若干政策实施细则（充换电设施部分）》	◆直流充电设备补贴：200元/千瓦； ◆交流充电设备补贴：100元/千瓦； ◆充电桩建设补贴：20万元/个； ◆经营性集中式充（换）电站： 直流，400元/千瓦； 交流，150元/千瓦； 充（换）电站：500万元
广州市	《广州市电动汽车充电基础设施补贴资金管理办法》	◆充电基础设施建设补贴： 直流，550元/千瓦时； 交流，150元/千瓦时； 换电，2000元/千瓦时； ◆充电基础设施运营补贴：按照0.1元/千瓦时的补贴标准，单个充电站点内平均每桩补贴上限小时数为每年不超过2000小时，单个换电站点内平均每换电工位补贴上限小时数为每年不超过3000小时

资料来源：作者自行整理。

综上，中央及各级政府从生产类、使用类、购买类以及基础设施类四大类政府补贴政策对 NEVs 进行扶持，这对推动该产业发展具有重大意义。表 1-3 总结了 2009—2020 年中国部分 NEVs 政府补贴政策，以期从全局把握中国 NEVs 财政资助体系的历史演进和要点，为全面认识扶持政策体系和现存不足奠定文本基础。

表 1-3　2009—2020 年中国部分 NEVs 政府补贴政策文件及内容

政策文件	文件编号	主要要点
《关于开展节能与新能源汽车示范推广试点工作的通知》	财建〔2009〕6 号	在北京、上海、重庆等 13 个城市开展节能与 NEVs 示范推广试点工作，对推广使用 NEVs 单位购买节能与 NEVs 给予补助
《关于开展私人购买新能源汽车补贴试点的通知》	财建〔2010〕230 号	开展私人购买 NEVs 补贴试点工作
《节能与新能源汽车产业发展规划（2012—2020 年）》	国发〔2012〕22 号	加大财税政策支持力度，中央财政安排资金，对私人购买 NEVs 给予补贴，鼓励消费者购买使用节能汽车
《关于继续开展新能源汽车推广应用工作的通知》	财建〔2013〕551 号	对消费者购买新能源汽车给予补贴，补助范围包括符合要求的纯电动汽车、插电式混合动力汽车和燃料电池汽车；补助对象是消费者，消费者按销售价格扣减补贴后支付；纯电动乘用车、插电式混合动力（含增程式）乘用车、纯电动专用车、燃料电池汽车 2014 年和 2015 年的补助标准将在 2013 年标准基础上下降 10% 和 20%
《关于进一步做好新能源汽车推广应用工作的通知》	财建〔2014〕11 号	为保证政策连续性，现行补贴推广政策到期后（2015 年 12 月 31 日），中央财政将继续实施补贴政策；调整补贴下降幅度，2014 年在 2013 年标准基础上下降 5%，2015 年在 2013 年标准基础上下降 10%
《关于加快新能源汽车推广应用的指导意见》	国办发〔2014〕35 号	加快 NEVs 的推广应用，完善 NEVs 推广补贴政策，对消费者购买符合要求的纯电动汽车、插电式（含增程式）混合动力汽车、燃料电池汽车给予补贴

续表

政策文件	文件编号	主要要点
《关于2016—2020年新能源汽车推广应用财政支持政策的通知》	财建〔2015〕134号	确定2016—2020年中国将继续实施NEVs推广应用补贴政策；补贴政策综合考虑生产成本、规模效应、技术进步等因素逐步退坡，并只对符合补助标准的NEVs给予补贴；对于提供虚假技术参数、虚假推广信息、销售产品的关键零部件型号、电池容量、技术参数等与《车辆生产企业及产品公告》产品不一致的给予处罚
《关于调整新能源汽车推广应用财政补贴政策的通知》	财建〔2016〕958号	提高推荐车型目录门槛并动态调整；调整NEVs补贴标准，除燃料电池汽车外，各类车型2019—2020年中央及地方补贴标准和上限，在线性标准基础上退坡20%；对违规谋补和以虚报、冒领等手段骗补的企业给予处罚
《关于调整完善新能源汽车推广应用财政补贴政策的通知》	财建〔2018〕18号	提高补贴的技术门槛要求，提前研究发布2019年和2020年关键技术指标门槛，调整优化新能源乘用车补贴标准，合理降低新能源客车和新能源汽车专用车补贴标准；分类调整运营里程要求，但对私人购买新能源乘用车等申请补贴不作要求
《关于进一步完善新能源汽车推广应用财政补贴政策的通知》	财建〔2019〕138号	提高NEVs动力电池系统能量密度门槛要求、整车能耗要求，纯电动乘用车行驶里程门槛要求；根据NEVs规模效益、成本下降等因素以及补贴政策退坡退出的规定，降低补贴标准，促进产业优胜劣汰，防止市场大起大落；完善补贴资金清算制度，提高资金效益
《关于完善新能源汽车推广应用财政补贴政策的通知》	财建〔2020〕86号	延长补贴期限，平缓补贴退坡力度和节奏，补贴政策实施期限延长至2022年年底；2020年补贴标准不退坡，2021—2022年分别在上一年基础上退坡10%和20%；适当优化技术指标，促进产业做优做强；完善资金清算制度

资料来源：作者根据相关文件自行整理。

第二节 NEVs财政补贴现状及问题

各级政府相继释放前所未有的政策红利，以缓解相关企业巨额的生产成本和研发成本，激励它们去从事NEVs的研发和生产（熊勇清等，2020；曹霞等，2020；李国栋等，2019；程永伟和穆东，2018）。进入"十三五"时期，政府补贴的形式更加多元，不仅仅局限于直接补贴（如研发补贴、生产补贴、人才补贴等），同时还延伸至间接补贴（如税收优惠）、政府采购等（Gass 等，2014；Ye 等，2021；邵慰等，2018）。在巨额"普惠性"政府补贴的强力推动下，中国NEVs 产业得到了飞速发展。然而，中国的 NEVs 产业仍与国际领先水平存在一定差距，电池技术、关键环节、精益生产、科学管理以及顾客需求等方面仍存在问题与不足。此外，许多厂商也患上了"政策依赖症"，导致"无补贴、不生产"现象频发（楼继伟，2016；周燕和潘遥，2019）。因此，客观分析现阶段 NEVs 产业政府补贴的现状及问题，对于认清当前产业发展大局、找准补贴痛点、挖掘产业发展潜力、促进产业政策精准发力有着重要的理论价值和现实意义。

一 中国现阶段 NEVs 财政补贴现状

（一）"产业导入期"补贴覆盖面大、额度高、叠加效应明显

首先，从补贴覆盖面来看，自 2009 年中央发布文件鼓励对私人购买 NEVs 展开相应补贴开始，各级政府迅速出台了一系列补贴标准来推动 NEVs 购买私有化。到 2010 年 5 月，以北京、上海等为主的首批 13 个试点城市逐渐增加到 25 个，对纳入推广目录的公交、出租车、乘用车给予补贴。截至 2017 年年底，各部委会及以上部门发布的各类相关政策已达 122 项，一系列优惠的产业补贴政策夯实了 NEVs 的发展，同时也为其奠定了制度基础。

其次，从补贴财政投入来看，政府从 2009 年到 2015 年年底，仅中央政府已累计发放购置补贴 334.35 亿元人民币，截至 2018 年

初，中央和地方累计补贴资金已过千亿元人民币。同时，政府补贴形式也越来越多元，有购置补贴、研发投入补贴、研发成果补贴、价格补贴、税收优惠、互补品价格补贴、信贷优惠等。

最后，为进一步激励消费者购买 NEVs，国家补贴和地方补贴二者可以叠加，即消费者能够同时享受国家和地方的专项补贴。

（二）"产业调整期"补贴退坡力度加强

尽管巨额的政府补贴一定程度上推动了 NEVs 产业的发展，但是近些年来企业"骗补"、寻租行为频发，且 NEVs 乘用车市场一直处于低谷。因此，政府实行了退坡机制，《关于新能源汽车充电设施建设奖励的通知》《关于 2016—2020 年新能源汽车推广应用财政支持政策的通知》等文件明确了不同类型 NEVs 的补贴标准，2017—2018 年在 2016 年基础上下降 20%，2019—2020 年在上一年基础上下降 40%。

进一步，相关部委也细化了补贴标准、技术要求、行驶里程和补贴额度，例如《关于调整新能源汽车推广应用财政补贴政策的通知》明确规定了补贴电池容量的大小，按照 1800 元/千瓦时的标准进行补贴。同时，纯电动车行驶里程、运载量、车长等相关标准也纳入了新的补贴标准中，地方政府补贴要根据中央财政标准限制最高补贴额度。总体而言，国家实行补贴退坡机制倒逼 NEVs 的创新和发展，激发企业从"输血"到"造血"方向的转变。

（三）后疫情时代补贴更加精准

2020 年年初，新冠疫情席卷全球，给世界经济造成了前所未有的影响。在此冲击下，财政部联合工信部、科技部和发改委于 2020 年 4 月 23 日发布了完善 NEVs 财政补贴政策的通知，指出政府对 NEVs 推广应用财政补贴政策实施期限延长至 2022 年年底。

一方面，政府拟定在 2020—2022 年周期内对 NEVs 的补贴标准在上一年基础上退坡10%、20%、30%，原则上每年补贴规模上限约200万辆。同时，在后续产业规划中重点加快公共交通等领域汽车使用的电动化进程，逐步加快政府补贴退坡。

另一方面，2021—2022年的NEVs补贴条件保持动力电池系统能量密度等技术指标不变，适度提高NEVs整车能耗、纯电动乘用车续驶里程门槛。此外，规定新能源乘用车补贴前售价须在30万元以下，要加大NEVs政府采购力度，推动落实NEVs免限购、免限行、路权等支持政策。

政府通过延长时限、设置数量上限、退坡力度放缓、设置价格门槛等方式进一步深化退坡路径，确保技术指标的整体稳定，为NEVs的发展保驾护航。

二　中国现阶段NEVs财政补贴问题

（一）补贴标准设置不合理

政府补贴的本质在于构建NEVs的比较优势（相比于传统燃油车而言），通过政府这只"看不见的手"来改变现有的产业竞争状态（马亮等，2017；李兆友和齐晓东，2017），因此政府补贴在汽车行业具有明显的导向性作用。从中国市场来看，政府补贴大致可以分为三个阶段，即政策扶持导入期（时间阶段：2001—2009年）、政策扶持成长期（时间阶段：2010—2015年）、政策扶持稳定期（时间阶段：2016年至今）。首先，在政策扶持导入期和成长期，政府为了激励消费者购买NEVs，在设置补贴标准时相对宽松，对NEVs的排量、行驶里程、寿命等都没有太多限制（Li，2020；Liu等，2020），例如2010年购买车辆标准达油耗限值标准≤1.6L就可获得补贴3000元。其次，许多政府补贴标准均涉及电池容量，比如电池容量越高则获取的补贴额度就越大（张厚明，2018）。基于此，许多企业以电池为载体，过度考虑电池组的容量而忽略了汽车自身的实用性和经济性。最后，现行的补贴标准设定中以纯电动汽车的车长作为补贴的评价依据，但在具体操作上仍存在很大的空间，许多汽车厂商会将现行补贴标准作为汽车车型研发的依据，生产出的车型并不能满足消费者需求（孙晓华和徐帅，2018）。

补贴标准的不合理设置给企业机会性获取政府补贴提供了机会，许多企业生产了大量低质量NEVs并自产自购，轻松实现了"不上牌、不上路、补贴多"（潘遥，2017；余明桂等，2010；张萍，2017）。实际上，为在最短时间内推动NEVs产业的"上马"，政府补贴没有严格的产品参数、质量检验等标准来区分。相反，只要"电动汽车"就能得到相应的补贴资金。正是这样"一刀切"的补贴造成了"劣币驱逐良币"现象，使研发创新企业吃了大亏。

（二）缺乏有效监管

长期以来，中国汽车行业的监管都是重准入门槛而轻过程监管。由于国家实行普惠制政府补贴，企业只要生产出NEVs就能得到相应补贴。为了尽快完成NEVs推广的目标和任务，相关政策在制定时就不够谨慎，具体表现为补贴额度大和补贴标准低。

同时，地方政府为了达到推广目的甚至采取1:1进行补贴。以2015年出台的补贴标准为例，中央针对乘用车市场最高补贴6万元/辆。如果加上地方政府1:1的配套补贴，一辆车最高可以获取12万元的补贴。而对于大中型车型而言，一辆车最高可以获取60万元的政府补贴，远远高出了汽车的生产成本。

此外，相关监督体系的不健全也是导致当前政府补贴效率不高的另一大因素。许多地方政府都秉持着"先做量、后做质"的原则，力求在短时间内建立起一整套生产车间和销售网络，这种导向驱使着许多企业采取"自导自演"的方式来满足政府要求，生产出许多低质量的汽车。

（三）补贴方向有待优化

从补贴方式来看，针对消费者补贴和生产企业补贴成为了政府补贴的主要方式。其中，消费者购置税补贴、购置补贴、生产企业产品补贴、销售补贴、研发补贴成为了重要的补贴环节（Li 等，2018；Chen 等，2018）。然而从产业链来看，NEVs 的核心竞争力在于技术研发，研发过程存在高风险和长周期。现存的补贴标准将研发补贴和其他补贴视为同等重要，这样导致了企业为了在短期内获取更多的补贴而转去做汽车组装、生产以及销售，而忽视对时间周期长、资金投入大的研发环节进行关注。

另外，现行的补贴政策更多聚焦于购买环节的一次性进行，其补贴范围并未涉及产品售后环节。因此，许多生产商会更多地关注产品产量和生产速度，而并不会关心质量。此外，政府补贴的实质是激励企业开发出满足消费者需求的产品，提升汽车技术能力（高伟和胡潇月，2019）。然而侧重于消费者和生产企业的补贴驱使着汽车销售企业将政府补贴算到产品利润之中，通过加价的方式卖给消费者。这样不仅不能促进产业健康发展，反而阻碍了消费者购买 NEVs 的意愿。

综上，国家实行巨额的政府补贴制度来推动 NEVs 产业的发展，其作用极具时代意义。然而，现行的政府补贴仍存在较大的提升空间。具体来说，现行的政府补贴制度并未很好地融合 NEVs 和消费者需求，并未达到促进 NEVs 市场运作的目的。实际上，消费者、政府和 NEVs 企业三者理应是融合共生的关系，汽车企业通过开发 NEVs 产品来满足消费者需求，实现了价值获取；消费者通过消费 NEVs 实现了顾客价值；政府通过资金补贴的方式促进了 NEVs

市场的良性发展，同时通过税收收回了补贴资金。因此，后续NEVs的相关研究应该建立融合框架，从三方不同角度来共同实现多目标下的帕累托最优。

第三节 消费者、政府、汽车企业三者融合的内在机理

从产业生态角度来看，政府的系列政策给产业发展提供了稳定保障，汽车企业通过产品研发和销售满足了顾客需求，消费者通过消费为企业创造了利润。这说明政府、消费者以及汽车企业三者融合是确保NEVs产业做强做大的重要支撑。因此，探讨三者的逻辑关联、厘清三者的内在融合机理，对于推动NEVs产业发展具有重要的理论意义和现实价值。

一 消费者需求是首要前提

尽管国家出台了系列优惠资助政策来推动NEVs产业的发展，但由于缺乏对消费者选择行为的调查和理解，NEVs一直处于"政策热、市场冷"的局面。实际上，发展NEVs产业的核心在于精准识别消费者需求以及满足消费者需求，这样才能真正打开市场化道路（熊勇清等，2018）。因此，把握消费者需求理应是发展NEVs产业的首要前提。

首先，从战略目标来看，消费者需求是企业生产的逻辑导向。企业普遍的生产逻辑体现为通过商品（或服务）获取剩余价值，进而实现自身发展。消费者需求表现为消费者个体未被满足的需要，这种需要驱使着消费者行为的发生（如购买、使用）。进一步，消费者

需求也是产品供给的重要准则，推动着供求双方信息流动和价值流动，例如耐克公司已经将消费者导向视为公司长期遵循的重要战略。党中央及各级政府也强调消费者需求在企业生产活动中的重要性，并指出在中国特色社会主义市场经济体制下要越来越重视对消费者行为的调研和理解，以提供出更为精准的产品（左世全等，2020）。

其次，从产业发展来看，立足于从消费者需求出发而开展经营活动的企业，其活力、竞争力和价值性会更高。一方面，消费者需求表现为多元化、难识别、个性化、体量大等典型特点，这驱使着企业所生产的产品会更加多元化，进而激励着企业开展创新。另一方面，当前NEVs产业更多依赖于政府扶持，一旦缺乏政府支持政策则会陷入经营危机，这意味着相关企业的抗风险能力和竞争力不够。相比于"政策市场"，立足于"消费者市场"强化了NEVs企业的自身"造血"能力（柳光强，2016），聚焦于从市场化逻辑出发来从事生产经营，这样的企业才会更加基业长青。同时，产业的长久发展最终要脱离政府支持，转向高度市场化运作，因而最终要聚焦到对消费者需求的理解。

最后，从互动效果来看，重视理解消费者需求的NEVs企业已经获得了较为可观的收益。随着政府实行越来越严格的补贴退坡机制，许多NEVs企业陷入了经营危机，但以小鹏、理想汽车、传祺为代表的汽车厂商却实现了逆势增长。这些企业通过实行定制化和个性化模式，为顾客提供差异化的一站式解决方案，更大限度地降低了对政府补助的依赖，提升了自身的"造血"能力。

二　企业发展是关键核心

产业兴旺源自企业发展，企业是消费者、政府以及产品之间的桥梁。首先，企业是消费者需求显性化的重要推动者。对于 NEVs 产业而言，消费者需求呈现出高模糊性、高动态性、高多样性以及高个性化的特点，对车型偏好、行驶里程、舒适体验、电池寿命、驾驶安全性和智能水平都有差异化的要求。这要求 NEVs 的生产和研发过程区别于传统燃油车，而这些均要在企业端实现。

其次，企业兴旺会吸纳更多知识型人才，诱发知识的溢出效应。一方面，知识型人才的存量为 NEVs 的技术研发、关键零部件攻克做好了准备；另一方面，NEVs 企业的蓬勃发展也加速了社会福利最大化进程。

再次，NEVs 企业的稳健发展也是 NEVs 产业的应有之义。对标于国外先进汽车厂商，中国的 NEVs 水平仍存在较大不足，具体体现在电池生产、配套服务、加工组装以及产业链水平方面。换言之，中国的 NEVs 产业仍未体现出产业正外部性作用。NEVs 企业通过整合上下游资源实现规模经济效应，助推了要素在供需两侧的流动，加快了产业发展。进一步，NEVs 相关企业既是消费者也是生产者，双重主体角色的嵌入承担了产业向前发展的主要任务，这同样有助于推动该产业的发展。

最后，NEVs 企业也是政府税收、社会福利最大化的重要承担者。一方面，政府借助税收方式从相关企业中收取公共资金并将其投入产业配套环节、研发环节、生产环节、零售环节，为产业发展提供优良的制度保障和发展基础。另一方面，相关企业（如长安新能源、比亚迪）通过人才招聘、培训等项目创造了大量工作岗位，促进了社会福利最大化。

三 政府补贴是制度保障

众所周知，当前 NEVs 产业发展处于初期，技术水平、产品成熟度、规模效应、制造标准等与传统燃油车相比均未体现出较大的"比较优势"。而政府通过资金补贴和扶持政策的方式来帮助 NEVs 企业产生"比较优势"（高秀平和彭月兰，2018），其本身就具有极其重要的现实意义。

从产业发展来看，新兴产业的起步离不开政府系列支持政策。自国家将 NEVs 产业划定为七大战略性新兴产业起，中央及各级政府投入上千亿元来扶持 NEVs 的发展，这样才有了今天蓬勃的产业基础。同时，政府补贴所造就的"比较优势"也激发了消费者购买 NEVs 的意愿，促进了乘用车市场的发展。从企业而言，许多 NEVs 企业均属于新创企业（或新型的事业部），所面临的潜在风险大多都未预见过，所面对的消费者群体不确定性程度很高。因此，许多企业存在较高水平的成本费用和经营风险。政府补贴无疑最大限度地缓解了企业经营上的问题，为其发展提供了相对稳定的空间。

综上，越来越多的现实证据证实了 NEVs 的发展离不开政府、消费者、企业三者之间的有机互动。三者的协同融合也为后续 NEVs 发展提供了方向指引。基于此，本书构建了消费者选择、政府补贴以及企业决策三者的理论框架模型，如图 1-5 所示。

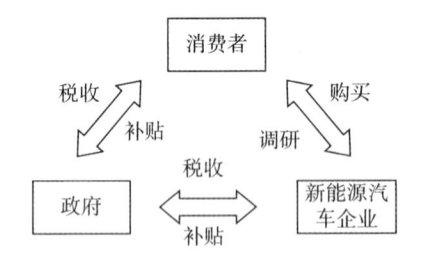

图 1-5　消费者选择、政府补贴与企业决策
互为融合的理论模型

第二章 NEVs企业创新信号与政府补贴反馈的实证研究

考虑到政府补贴分配在 NEVs 企业中所面临的信息不对称问题，NEVs 企业往往采取信号型创新和政策迎合型创新两种方式来激发政府补贴的反馈效应。本章借鉴信号传递理论并构建 NEVs 企业 R&D 创新信号作用于政府补贴的动态传递模型，深入探讨二者之间的影响机理，并依托"十二五"时期中国 NEVs 上市公司数据实证检验了不同类型的创新信号传递对政府补贴反馈行为的差异化影响。本章研究有助于政府强化信念工具的使用，重视对企业主动型创新信号给予实质性反应。同时，研究结论有助于政府合理安排和理解 NEVs 企业的预期信号收益，提升政府补贴配置效率。

第一节 问题的提出

考虑到 NEVs 产业处于技术与商业示范期（Bai 等，2019；Feng 等，2020），汽车制造商通常因创新研发活动的高投入、高风险以及高不确定性而失去主动创新动力（Arrow，1962）。因此，政府会通过创新补贴的方式来缓解 NEVs 企业的创新风险，最大限度地激励企业研发创新（Liu 等，2017）。从 NEVs 政府补贴的前期研究来看，多数研究将关注点聚焦于补贴政策的激励效果上，即何种补贴政策更有助于激发 NEVs 企业的研发效率（Liu，2014；Shao 等，2018），更有助于提升企业的专利质量等（冯潇等，2020）。

然而补贴政策的发放往往会建立在目标企业锁定这一基本逻辑之上，即只有科学客观地锁定了合适的受补企业，才有可能继续探讨补贴政策的激励效应等议题（冯潇等，2020）。但是，既有研究就"政府如何锁定 NEVs 企业以及如何理解 NEVs 企业的创新信号"这一关键问题并未给予更多关注（Dimos 等，2016）。

从补贴信号传递的角度来看，政府往往只有正常接收到来自 NEVs 企业的创新信号后，才会给予实质性的补贴反馈（曹献飞，2014）。一般来说，政府在选择 NEVs 企业进行资金补贴时会普遍面临着两种较为典型的创新信号：其一是信号型创新（也称为主动型创新），即 NEVs 企业主动展开 R&D 以从事关键技术、领域以及环节等创新（Wu，2017）；其二是政策迎合型创新，即为获得更多的政策收益而开展的创新活动（赵璨等，2015；杨洋等，2015）。信号型创新能够从源头上解决技术壁垒，帮助企业建立自身独特的竞争优势以及提升自身的核心竞争力，具有十分可观的技术回报率。例如，华为公司采取主动创新策略实现了逆势增长，成为了全球最具核心竞争力的高科技企业之一；苹果公司每年的专利数多达上千项，且每年的技术回报利润高达上千亿美元。然而，信号型创新依赖于前期资金、人力以及物力的大规模投入，且研发周期较为漫长，许多公司因其创新资金链断裂而走向灭亡之路，故企业往往忌惮于开展原发性创新（冯潇等，2020）。

相反，政策迎合型创新虽然能够短时间内实现经济增长和利润回报，但从长期来看，其本质上并未解决产业、企业以及政府所面临的根本性问题,即并未解决根本性就业和社会福利最大化(赵璨等,2015)。进一步,政策迎合型创新很大程度上造成了资源的无效运转,降低了社会福利最大化水平(杨洋等,2015)。以 NEVs 为例,许多企业并未从满足消费者需求角度研发和生产汽车产品系列,而是从获取政府补贴的角度套取资金,故国家花了巨额资金对该产业展开补贴和扶持,但其产业发展并未展现出"相对优势"。进一步,相比于信号型创新,政策迎合型创新的进入壁垒较低,所付出的成本代价较小,资金周转的周期也较短。面对如此的"趋利"诱惑,许多 NEVs 企业走上了政策迎合型创新的道路。

本章重点就 NEVs 政府补贴反馈中的信号传递这一问题做更深层次的讨论。具体而言,本章借鉴信号传递理论,主要探讨以下几个问题:其一,NEVs 企业传递潜在创新信号以获取政府补贴的内在动因和机理是什么?其二,何种情境下 NEVs 企业会向政府传递真实的创新信号?其三,不同类型的创新信号水平是否决定了政府补贴的实际分配?

针对上述系列研究问题,本章首先在理论推演部分采用动态博弈模型来厘清潜在 NEVs 创新信号作用政府补贴的内在机理问题。其次,采用改良的内生转换模型(endogenous switching regression model)和"十二五"时期中国 NEVs 上市公司数据对创新信号(R&D 投入)与政府补贴反馈展开实证检验。

第二节 理论建模

一 创新信号传递与补贴反馈:信念作用

基于政府补贴的逻辑主线,本章构建了基于 NEVs 企业利润最大化的信号传递模型,具体传递流程如图 2-1 所示(t 即时间阶段)。

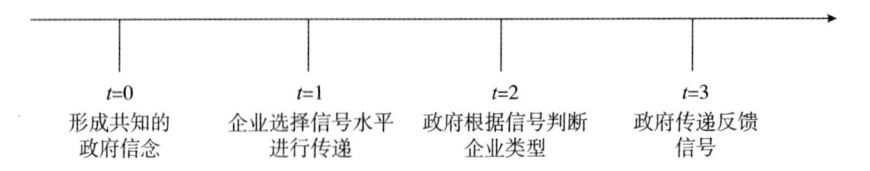

```
─────┼────────────┼────────────┼────────────┼──────▶
    t=0          t=1          t=2          t=3
   形成共知的   企业选择信号水平  政府根据信号判断  政府传递反馈
   政府信念      进行传递        企业类型         信号
```

图 2-1　企业与政府间信号传递的信号曲线

在 $t=0$ 期,假设 NEVs 市场上已经形成了特定共知的政府信念 B(如 NEVs 补贴计划或 NEVs 纲要)。现假设 NEVs 市场上存在两类创新能力的企业,除了能力差别仅体现在创新能力 θ_i 的差异上,$i = \in \{L, H\}$,$\theta_H > \theta_L$,其他任何均无明显差异,则政府信念 B 表示为:

$$B = (\theta L, y^*, \theta H), \text{ with } \theta_i = \begin{cases} \theta_H, & \text{if } x \geq y^* \\ \theta_L, & \text{if } x < y^* \end{cases} \quad (2-1)$$

x 为 NEVs 企业所选择并准备传递的创新信号水平,$x \in \mathbf{R}_+$。y^* 即政府认定的两种能力类型的信念分界。当 $x \geq y^*$ 时,政府判定 NEVs 企业传递着高能力类型信号 x_H;反之,传递低能力类型信号 x_L。易知,$x_H > x_L$。

在 $t=1$ 期,NEVs 企业通过对政府信念 B 的全面了解选择不同类型的创新信号 x 进行信号示意。当创新信号 x 能够真实、可靠地传递企业创新能力信息 θ_i 时,即为有效信号。有效信号的实现前提包括:其一,政府形成了区分不同创新能力类型 NEVs 企业的合理信念并为企业所共知;其二,不同能力 NEVs 企业的信号传递成本是不同的,为了获取更高标准的补贴,创新能力较低的 NEVs 企业自然有动机传递虚假信号,但该决策受到信号成本的约束。不妨假设信号成本 $C = C(x, \theta)$,该函数二阶连续可微并满足:

$$C_x(x,\theta)>0, C_{xx}(x,\theta)>0,$$
$$C_\theta(x,\theta)<0, C_{\theta\theta}(x,\theta)<0 \qquad (2-2)$$

这一方面表明信号成本随信号水平的增加而增加，且边际成本递增；另一方面表明不同能力类型 NEVs 企业的信号成本是不同的。相较于创新能力强的 NEVs 企业，低能力 NEVs 企业投入同样程度的 R&D，边际成本更高，且成本增加的速度也更快。如此一来，低能力企业即便有着强烈的伪装动机，也会在信号成本与收益之间做出取舍。政府虽然无法知晓 NEVs 企业真实的信号成本，却可以观测到 NEVs 企业做出的 R&D 投入决策，这便可能依据 R&D 投入水平，将不同创新能力的 NEVs 企业分离开来。

为了简化讨论，本章参考 Spence（1973）的设定，暂不考虑 R&D 投入对 NEVs 企业创新能力的提升。但是，NEVs 企业 R&D 投入将影响研发项目成功率。假设 NEVs 企业拥有一次研发机会，研发成功后可获取收益为 V，若失败则获取收益为 0。研发项目的成功与否取决于概率函数 $P(x,\theta)$。该函数二阶连续可微并满足：

$$P(x,\theta)>0, P_{xx}(x,\theta)<0, P_\theta(x,\theta)>0 \qquad (2-3)$$

这表明 NEVs 企业 R&D 投入水平越高，研发成功率也越高，但研发成功的概率函数随 R&D 投入的增加呈边际效应递减。此外，创新能力高的 NEVs 企业相对于创新能力低的 NEVs 企业，拥有更高的研发成功率，使高能力 NEVs 企业更有动力投入 R&D。另有限制条件：

$$P(0,\theta)=0, \lim_{x\to\infty}P(x,\theta)=1 \qquad (2-4)$$

式（2-4）表示无 R&D 投入时，研发成功的概率为 0，但是无限制的 R&D 投入并不会令研发项目成功的概率超过 1。为了简化分析，本章参考了 Takalo 等（2010）关于资金缺口（funding gap）的假设思路，令 NEVs 企业在没有政府补贴时的期望收益表示为：

$$VP(x,\theta) - C(x,\theta) < 0 \quad (2-5)$$

这也反映了当研发项目具有高投入、高不确定性与外部效应影响时，NEVs 企业会缺乏自主创新投入的意愿。而当市场上存在补贴激励时，NEVs 企业将有动力通过 R&D 投入的示意信号吸引政府创新补贴。

在 $t=2$ 期，当 NEVs 企业基于政府信念做出信号决策后，政府将根据接收到的信号 x，对 NEVs 企业的潜在创新能力类型 θ_i 做出判断。

在 $t=3$ 期，政府将针对不同创新能力类型的 NEVs 企业，传递不同的创新反馈信号 S，即：

$$S = \begin{cases} S_H, & \text{if } x = x_H \\ S_L, & \text{if } x = x_L \end{cases} \quad (2-6)$$

式（2-6）表明政府将给予传递高能力类型信号 NEVs 企业的创新反馈为 S_H，给予传递低能力类型信号 NEVs 企业的创新反馈为 S_L，$S_H > S_L$。获取政府补贴后，企业 R&D 投入的期望收益函数为：

$$VP(x,\theta) - C(x,\theta) + S \quad (2-7)$$

二 信号传递的分离均衡

综上所述，可以得到如下命题。

命题 2.1：对于不同创新能力类型的 NEVs 企业，都拥有不同的最优创新信号水平令其期望收益最大化。

证明：假设 NEVs 企业追求期望收益函数最大化，即：

$$VP(x_i, \theta_i) - C(x_i, \theta_i) + S, \quad i \in H, L \quad (2-8)$$

对求偏导的一阶最优化条件为：

$$VP'(x_i, \theta_i) - C'(x_i, \theta_i) = 0 \quad (2-9)$$

又由式（2-3）、式（2-4）易知对求偏导的二阶条件为：

$$VP''(x_i, \theta_i) - C''(x_i, \theta_i) < 0 \quad (2-10)$$

因此，对于不同创新能力的 NEVs 企业，必然存在各自的最优信号水平 x_i^*，$i \in H, L$，且易证 $x_H^* > x_L^*$，由此实现企业潜在创新能力信息的传递。

命题 2.2：当政府观测到 NEVs 企业创新信号决策后，选择合理的补贴反馈，可以达成信号传递的分离均衡。

证明：令 NEVs 企业保留收益为 0，要达到分离均衡，政府补贴应满足以下条件：

$$(IR_H) \quad VP_H(x_H^*, \theta_H) - C(x_H^*, \theta_H) + S_H \geq 0 \quad (2-11)$$

$$(IR_L) \quad VP_L(x_H^*, \theta_H) - C(x_H^*, \theta_H) + S_H \geq 0 \quad (2-12)$$

$$(IC_H) \quad VP_L(x_H^*, \theta_H) - C(x_H^*, \theta_H) +$$
$$S_H \geq VP_H(x_L^*, \theta_H) - C_H(x_L^*, \theta_H) + S_L \quad (2-13)$$

$$(IC_L) \quad VP_L(x_L^*, \theta_L) - C_L(x_L^*, \theta_L) +$$
$$S_L \geq VP_L(x_H^*, \theta_L) - C_L(x_H^*, \theta_L) + S_H \quad (2-14)$$

其中，约束 IR_H 和约束 IR_L 分别是具有不同创新能力 NEVs 企业的个人理性约束，表示 NEVs 企业接受政府补贴反馈后的收益不小于在不接受反馈时的收益。约束 IC_H 和约束 IC_L 分别是具有不同创新能力 NEVs 企业的激励相容约束，表示政府的补贴反馈总是令企业选择自身期望收益最大化的信号水平。

首先，通过约束 IC_H 和约束 IC_L 可得到：

$$VP_H(x_H^*, \theta_H) - C_H(x_H^*, \theta_H) + S_H \geq VP_H(x_L^*, \theta_H) -$$
$$C_H(x_L^*, \theta_H) + S_L \geq VP_L(x_L^*, \theta_L) - C_L(x_L^*, \theta_L) + S_L \geq 0$$
$$(2-15)$$

因此，约束 IR_H 是可以被放松的，而约束 IR_L 需保留，即需要

政府补励 $S_L \geq C_L(x_L^*) - VP_L(x_L^*)$ 以激励低能力 NEVs 企业进行 R&D 投入。

其次，由约束 IC_H 可得：

$$S_H - S_L \geq C_H(x_H^*, \theta_H) - C_H(x_L^*, \theta_H) - V[P_H(x_H^*) - P_H(x_L^*)] \quad (2-16)$$

同样地，约束 IC_L 经转化可得：

$$S_H - S_L \geq C_L(x_H^*, \theta_L) - C_L(x_L^*, \theta_L) - V[P_L(x_H^*, \theta_L) - P_L(x_L^*, \theta_L)] \quad (2-17)$$

因此，当政府选择合理的补贴反馈，即给予不同创新能力 NEVs 企业的补贴差值位于一定区间时，市场是可以达成分离均衡的。这一区间的值域是：

$$S_H - S_L \in \begin{bmatrix} C_H(x_H^*, \theta_H) - C_H(x_L^*, \theta_H) - \\ V[P_H(x_H^*, \theta_H) - P_H(x_L^*, \theta_H)], \\ C_L(x_H^*, \theta_L) - C_L(x_L^*, \theta_L) - \\ V[P_L(x_H^*, \theta_L) - P_L(x_L^*, \theta_L)] \end{bmatrix} \quad (2-18)$$

这也表明，若政府的补贴差值过大，即：

$$S_H - S_L \geq C_L(x_H^*, \theta_L) - C_L(x_L^*, \theta_L) - V[P_L(x_H^*, \theta_L) - P_L(x_L^*, \theta_L)] \quad (2-19)$$

此时低能力 NEVs 企业伪装为高能力 NEVs 企业时的收益将高于它选择真实能力信号时的收益。低能力 NEVs 企业将有动力传递虚假信号，出现混同均衡的情形。这也解释了为什么存在过度补贴的产业会更可能出现"骗补"事件。类似地，当政府对两类 NEVs 企业的补贴差值过小时，高能力企业伪装为低能力 NEVs 企业反而是更加经济的选择，市场同样陷入混同均衡。这也解释了为什么在补贴资金缺位的情况下，NEVs 企业会存在 R&D 投入不足的问题。

三 实证分析

（一）模型选择

如前所述，NEVs 企业信号传递将对政府之于企业创新能力的判断产生重要影响。那么，传递高能力类型信号的 NEVs 企业是否在实际补贴分配中更占优势呢？一个直观的检验思路自然是引入 NEVs 企业信号决策的虚拟变量，通过最小二乘法测度其对政府补贴的影响。然而，这将很可能得到有偏的估计结果。首先，该思路暗含了 NEVs 企业信号决策是外生决定的假设，但实际上信号决策将可能受到 NEVs 企业能力、发展动机等不可观测因素的影响，带来遗漏变量的自选择问题。其次，NEVs 企业创新信号决策与政府补贴反馈间还可能存在双向因果问题。本章将因循 Maddala（1983）、Lee（1978）的相关研究，引入内生转换模型修正企业与政府间可能存在的两种内生性问题，联立结构方程为：

$$I_i^* = \delta(S_{Hi} - S_{Li}) + X_i^*\beta + Z_i^*\gamma + \varepsilon_i^*, \text{ with } I_i = \begin{cases} 1, & \text{if } I_i^* > 0 \\ 0, & \text{if } I_i^* \leq 0 \end{cases}$$

$$(2-20)$$

$$S_{Hi} = X_{Hi}\beta_H + Z_{Hi}\gamma_H + \mu_{Hi}, \text{ if } I_i = 1 \quad (2-21)$$

$$S_{Li} = X_{Li}\beta_L + Z_{Li}\gamma_L + \mu_{Li}, \text{ if } I_i = 0 \quad (2-22)$$

式（2-20）为信号决策方程。其中，I_i^* 为不可观测的潜在变量。参照 Asfaw（2012）的定义，将 I_i^* 定义为 NEVs 企业 i 选择传递不同能力类型信号时的效用差值，即 $I_i^* = U_H - U_L$。I_i 为指示变量，当 $U_H - U_L > 0$，NEVs 企业传递高能力类型信号以获取更高效用，赋值 $I_i = 1$；反之，NEVs 企业传递低能力类型信号，赋值 $I_i =$

0。如前所述，I_i^*可能受到政府创新补贴差值$S_{Hi} - S_{Li}$的影响。政府将根据接收的信号水平决定对应的补贴反馈机制，给定任意企业i，S_{Hi}与S_{Li}不会同时被观测。I_i^*还可能受到一系列个体与行业特征变量的线性影响，分别用X_i^*和Z_i^*表示。X_{Hi}、X_{Li}、Z_{Hi}、Z_{Li}涵盖了政府在传递反馈信号时可能存在的各种动机偏好。

为避免双向因果的影响，将补贴反馈式（2-21）和（2-22）代入式（2-20），得到简化的信号决策方程，即：

$$I_i^* = X_i^* \beta + Z_i^* \gamma + \varepsilon_i^*, \text{ with } I_i = \begin{cases} 1, & \text{if } I_i^* > 0 \\ 0, & \text{if } I_i^* \leq 0 \end{cases} \quad (2-23)$$

X_i、Z_i包含了涉及的所有个体与行业影响因素。μ_{Hi}、μ_{Li}、ε_i分别为式（2-21）至式（2-23）的随机误差项，令其服从联合正态分布，均值向量为0。根据Maddala（1983）、Lee（1978）的相关研究，μ_{Hi}、μ_{Li}、ε_i之间存在相关性，补贴反馈方程误差项的条件期望不为0，且随个体变化，即：

$$E[\mu_{Hi} \mid I_i = 1] = \sigma_{\varepsilon H} \frac{\phi(X_i \beta + Z_i \gamma)}{\vartheta(X_i \beta + Z_i \gamma)},$$

$$E[\mu_{Hi} \mid I_i = 1] = \sigma_{\varepsilon L} \frac{-\phi(X_i \beta + Z_i \gamma)}{1 - \vartheta(X_i \beta + Z_i \gamma)} \quad (2-24)$$

$\phi(\cdot)$和$\vartheta(\cdot)$分别为标准正态分布的密度和分布函数。式（2-24）也被称为选择偏误，表示企业信号决策的自选择行为对补贴反馈造成的影响。本书选取了改良的全信息极大似然估计（FIML）修正自选择带来的内生性问题。根据Lokshin等（2004）给定误差项的联合正态分布，企业数为N，联立式（2-21）至式（2-23）的似然函数，即：

$$\ln L_i = \sum_{i=1}^{N} I_i \left[\ln \phi \left(\frac{\mu_{Hi}}{\sigma_H} \right) - \ln \sigma_H + \ln \vartheta(\eta_{ji}) \right] + (1 + I_i)$$

$$\left[\ln\phi\left(\frac{\mu_{Li}}{\sigma_L}\right) - \ln\sigma_L + \ln\left(1 - \vartheta\left(\eta_{ji}\right)\right)\right],$$

$$\eta_{ji} = \frac{(x_i\beta + Z_i\gamma + \rho_j\mu_{ji}/\sigma_j)}{\sqrt{1-\rho_j^2}}, \quad j = H, L \qquad (2-25)$$

其中，误差项 μ_{ji} 和 ε_i 的相关系数 $\rho_H = \sigma_{\varepsilon H}^2/\sigma_\varepsilon\sigma_H$、$\rho_L = \sigma_{\varepsilon L}^2/\sigma_\varepsilon\sigma_L$ 可用于模型的内生性检验。若 ρ_H 或 ρ_L 显著，表示模型存在选择偏误，选取内生转换模型是适宜的。

(二) 数据来源

本章选取"十二五"时期（2011—2015年）非金融类A股NEVs上市公司作为研究样本，究其原因主要是：信号传递严重受到制度环境以及产业竞争环境的外生冲击（Connelly等，2010；Sanders等，2004），而"十二五"时期宏观政策环境相对稳定，NEVs企业不会受到严重的经济冲击。进一步，研究样本信息主要来自国泰安（CSMAR）、Wind、Chioce数据库以及巨潮资讯网公布的上市公司企业年报，通过数据库导入和人工填补的方式进行手动校对，对ST股的企业进行剔除。进一步，参考Wu（2017）的思路，本章重点关注具有R&D投入和政府补贴的企业，其原因在于没有R&D数据的企业，很可能业务类型并不涉及R&D活动，不能简单处理为传递低能力类型信号；类似地，缺失补贴数据的企业，也存在并未申请补贴的情况，不能简单处理为针对低能力企业的补贴反馈。进一步，为消除极端值的影响，对所有连续变量进行了上下1%的Winsorize处理。

(三) 变量选择

本章选取的核心变量及其测量如表2-1所示。

信号反馈（Sub_i）。选取企业人均政府补贴取对数的形式衡量政府创新信号反馈力度。在稳定性检验部分，也提供了因变量为政府补贴取对数（$Lsub_i$）与政府补贴除以销售收入取对数（$Ssub_i$）的结果作为对比。

表 2-1　　　　　　　　变量的定义与测度

变量名	定义	测度方法
Sub_i	信号反馈	人均政府补贴取对数
I_i	信号决策	若企业 R&D 强度高于 3% 或 4% 或 6%，则 $I_i = 1$，反之 $I_i = 0$
$Size_i$	企业规模	企业员工人数取对数
Age_i	企业年龄	观测年份与成立年份的差值取对数
Soe_i	企业性质	1 表示国有性质，0 表示其他性质
$Hcapi_i$	人力资本水平	人均薪酬取对数
$Growth_i$	成长能力	资产增长率
$Loss_i$	实际亏损	若企业补贴前利润小于 0，则 $Loss_i = 1$，存在实例亏损；反之 $Loss_i = 0$，不存在实际亏损
$Debti$	企业负债	总负债/销售收入
$Cash_i$	融资约束	经营活动现金流净额/销售收入
Hh_i	产业市场结构	赫芬达尔—赫希曼指数取对数
See_i	产业选择偏好	根据平安证券"平安战略性新兴产业"分类判断，1 表示属于战略性新兴产业，0 表示不属于
$Inrd_i$	行业 R&D 投入	上一期样本行业 R&D 投入取对数
$Inmrd_i$	行业 R&D 强度	上一期样本行业平均 R&D 强度

信号决策（I_i）。将政府信念分界 y^* 按企业 R&D 强度，分别设定为 3%、4%、6%。当企业 R&D 强度高于 3%、4%、6% 时，即传递高能力类型信号，赋值 $I_i = 1$；反之，则传递低能力类型信号，赋值 $I_i = 0$。

工具变量。为帮助模型识别，在信号决策模型中加入了滞后一期的行业 R&D 强度（$Inmrd_i$）和行业 R&D 投入（$Inrd_i$），以反映企业面临的同业 R&D 竞争环境。根据 Di Falco 等（2011）采用的检验方法对工具变量做出了检验,结果如表2-2所示。这表明行业R&D投入与行业R&D强度能够影响企业的信号决策,但不会对低能力类型信号组企业所获政府补贴造成影响,工具变量的选取是有效的。

控制变量。综合参考既有研究,进一步控制了政府补贴标的选择的一系列个体与行业特质偏好,具体测度方法如表2-2所示。

表2-2　　　　　　　　工具变量有效性检验

	低能力类型信号组企业所获补贴反馈（I=1/0）				
	2011年	2012年	2013年	2014年	2015年
行业R&D投入	0.059* (0.035)	0.069** (0.032)	0.079** (0.030)	0.106*** (0.028)	0.127*** (0.026)
行业R&D强度	21.391*** (3.410)	23.897*** (3.030)	22.848*** (2.693)	16.241*** (2.223)	7.710*** (1.436)
控制变量	Yes	Yes	Yes	Yes	Yes
常数项	2.211*** (1.285)	-0.784 (1.281)	-1.920 (1.261)	-2.683** (1.234)	-2.331* (1.213)
Wald检验χ^2	543.62***	553.09***	690.08***	498.59***	362.26***
Pseudo R^2	0.236	0.216	0.231	0.177	0.124
样本容量	1665	1869	2184	2073	2173
	低能力类型信号组企业所获补贴反馈（I=0）				
	2011年	2012年	2013年	2014年	2015年
行业R&D投入	0.020 (0.037)	0.065 (0.041)	-0.057 (0.039)	-0.050 (0.033)	-0.028 (0.032)
	低能力类型信号组企业所获补贴反馈（I=0）				
行业R&D强度	-4.836 (4.791)	-5.881 (4.926)	-2.110 (5.257)	-5.863 (3.680)	-1.208 (1.765)
控制变量	Yes	Yes	Yes	Yes	Yes
常数项	6.717*** (1.516)	3.323* (1.723)	6.428*** (1.663)	1.540 (1.582)	4.054** (1.583)
Wald检验χ^2	15.620***	10.21***	11.56**	11.00***	10.05***

续表

低能力类型信号组企业所获补贴反馈（$I=1/0$）					
Pseudo R^2	0.187	0.132	0.132	0.124	0.121
样本容量	829	819	934	870	889

注：***、**、* 分别表示在1%、5%、10%的显著性水平下显著；括号内为标准误。

第三节 实证结果分析

一 描述性统计分析

本章对核心变量展开描述性统计分析，具体结果如表 2-3 所示。高能力创新信号类型（$I=1$）的企业大多为成立年限较低的非国有战略新兴企业，而低能力创新信号类型（$I=0$）的企业大多为规模更小，成长能力更强，有更少的实际亏损、负债及融资约束的企业。从企业数量占比来看，选择传递高能力类型信号的企业在"十二五"时期有逐步提升趋势，这一定程度上反映了中国在激励企业自主投入 R&D 上的政策成果。

表 2-3　低能力与高能力类型信号组企业基本情况

	2011年		2012年		2013年		2014		2015年	
	$I=0$	$I=1$	$I=0$	$I=1$	$I=0$	$I=1$	$I=0$	$I=1$	$I=0$	$I=1$
信号反馈	8.131	8.793	8.220	8.670	8.275	8.693	8.399	8.680	8.487	8.860
企业规模	7.944	7.024	8.049	7.265	8.043	7.216	7.996	7.440	8.059	7.524
企业年龄	2.628	2.430	2.690	2.545	2.746	2.604	2.789	2.690	2.849	2.760
企业性质	0.511	0.191	0.513	0.210	0.470	0.192	0.441	0.207	0.435	0.207
人力资本水平	11.183	11.130	11.220	11.237	11.293	11.338	11.372	11.423	11.457	11.468
成长能力	0.249	0.498	0.182	0.250	0.149	0.156	0.318	0.689	0.285	0.335
实际亏损	0.192	0.138	0.189	0.117	0.165	0.118	0.199	0.103	0.208	0.149

续表

	2011 年		2012 年		2013 年		2014		2015 年	
	$I=0$	$I=1$	$I=0$	$I=1$	$I=0$	$I=1$	$I=0$	$I=1$	$I=0$	$I=1$
企业负债	0.801	0.577	0.856	0.672	0.934	0.724	1.463	1.827	1.150	0.890
融资约束	0.376	0.735	0.080	0.081	0.060	0.095	0.081	0.153	0.088	0.096
产业市场结构	1.924	1.896	1.953	1.881	1.962	1.886	1.961	1.905	2.295	2.189
产业选择偏好	0.183	0.328	0.147	0.328	0.137	0.272	0.140	0.071	0.130	0.262
行业 R&D 投入	22.471	23.145	23.047	23.838	23.299	24.210	23.326	23.998	23.623	24.297
行业 R&D 强度	0.027	0.035	0.030	0.039	0.033	0.045	0.037	0.048	0.049	0.054
样本容量	829	8.36	819	1.050	934	1250	870	1203	889	1284

二 企业创新信号决策分析

参照 Lokshin 等（2004）的做法，选取内生转换模型对研究问题进行实证检验。具体来说，即拟合企业信号决策的 Probit 方程与政府补贴的回归方程，具体结果如表 2-4 所示。与表 2-3 中的描述性均值统计结果一致，传递高水平信号（$I=1$）的企业规模更小、更年轻，多属非国有、战略性新兴企业。特别地，高水平的技术风险、知识外溢与市场需求不确定性会抑制 R&D 投入（武咸云等，2016），其信号决策结果一定程度上反映了国家产业扶持政策的激励成效，即在政策红利的预期引导下，战略性新兴企业拥有强烈的信号示意动机。此外，企业的"模仿同形化"行为再次得到印证，即行业 R&D 竞争越激烈，企业则越倾向投入更多 R&D 资金。

表 2-4　企业创新信号决策的 Probit 决策方程拟合结果

	2011 年	2012 年	2013 年	2014 年	2015 年
企业规模	-0.282*** (0.012)	-0.247*** (0.029)	-0.298*** (0.044)	-0.159*** (0.034)	-0.147*** (0.019)

续表

	2011 年	2012 年	2013 年	2014 年	2015 年
企业年龄	-0.483*** (0.052)	-0.443*** (0.131)	-0.373*** (0.064)	-0.381*** (0.127)	-0.359*** (0.095)
企业性质	-0.432*** (0.045)	-0.486*** (0.066)	-0.409*** (0.029)	-0.438*** (0.100)	-0.418*** (0.102)
人力资本水平	-0.015 (0.031)	0.184*** (0.065)	0.243*** (0.038)	0.203*** (0.078)	0.135** (0.059)
成长能力	0.187*** (0.023)	0.059 (0.060)	0.012 (0.088)	0.100** (0.040)	0.027 (0.025)
实际亏损	0.190*** (0.063)	-0.133 (0.110)	-0.033 (0.079)	-0.232* (0.121)	0.025 (0.054)
企业负债	-0.144*** (0.056)	-0.034 (0.096)	-0.027 (0.056)	-0.012 (0.009)	-0.140*** (0.049)
融资约束	0.007 (0.011)	0.091 (0.375)	0.897*** (0.268)	0.666*** (0.169)	0.15 (0.206)
产业市场结构	-0.169 (0.153)	-0.22 (0.349)	-0.149** (0.069)	-0.223** (0.110)	-0.115 (0.239)
产业选择偏好	0.385*** (0.055)	0.562*** (0.044)	0.553*** (0.044)	0.478*** (0.060)	0.522*** (0.082)
行业 R&D 投入	0.024 (0.042)	0.065 (0.083)	0.085*** (0.014)	0.060*** (0.016)	0.092** (0.052)
行业 R&D 强度	15.16*** (3.489)	21.98*** (6.314)	17.46*** (4.829)	13.481*** (1.616)	6.049 (3.772)
常数项	2.820*** (1.335)	-0.65 (1.999)	-1.745*** (0.668)	-1.449*** (0.553)	-1.292 (1.555)
样本容量	1665	1869	2184	2073	2173
联合独立性 LR 检验	$\chi^2(2)=$ 235.27***	$\chi^2(2)=$ 7.1**	$\chi^2(2)=$ 4.9*	$\chi^2(2)=$ 212.57***	$\chi^2(2)=$ 78.44***

注：***、**、*分别表示在1%、5%、10%的显著性水平下显著。括号内为按行业聚类的稳健标准误。

三 政府信号反馈决策分析

表 2-5 反映了高创新信号组（$I=1$）和低创新信号组（$I=0$）的政府反馈水平。首先，联立方程的内生性检验结果显示（见表 2-5 的倒数第 3 行）所有样本区间（2011—2015 年）均通过了实证检验，表明选取内生转换模型的必要性。其次，联立方程的联合独立性 LR 检验也均显著（见表 2-5 的最后 1 行），表明决策方程与反馈方程存在显著的相关性，进一步验证了内生转换模型选择的必要性。最后，表 2-5 倒数第 2 行显示出 ρ 的回归结果。ρ 的高低代表企业获取的补贴相较于样本随机个体的程度，而正负性则表明了程度的方向，因此具有重要的经济学意义（Lokshin 等，2004；Maddala，1983）。从表 ρ_H 和 ρ_L 的回归结果可以看出，仅 2012 年 ρ_H 显著为负（$\beta=-0.693$，$p<0.001$），表明相较于样本企业获取的政府反馈，传递高能力类型信号（$I=1$）将获取更多的政府补贴；其他年份 ρ_H 和 ρ_L 的系数均显著。ρ_L 符号为正但回归系数不显著，表明 $I=0$ 类企业相较随机个体既无优势也无劣势。

以上结果表明，政府的实际补贴反馈基本验证了信念工具的存在，当企业选择传递的创新信号超过政府信念分界时（$I=1$），政府给予该类企业更多的补贴反馈，而相反对判定为低能力类型的企业（$I=0$），则将减少补贴反馈。

四 不同创新信号决策下的补贴反馈机制分析

本章选取了多种控制变量来消除潜在的影响，具体结果如表 2-5 所示。首先，政府反馈的回归结果显示，在高创新能力信号的企业

表2-5 不同创新信号决策下的补贴反馈方程拟合结果

	2011年		2012年		2013年		2014年		2015年	
	$I=0$	$I=1$	$I=0$	$I=1$	$I=0$	$I=1$	$I=0$	$I=1$	$I=0$	$I=1$
企业规模	-0.538*** (0.040)	-0.258*** (0.040)	-0.291 (0.489)	-0.225** (0.106)	-0.449*** (0.093)	-0.182** (0.079)	-0.367*** (0.046)	-0.153*** (0.032)	-0.304*** (0.035)	-0.134*** (0.014)
企业年龄	-0.495*** (0.136)	0.464*** (0.065)	-0.243 (1.180)	0.189*** (0.069)	-0.584*** (0.182)	0.071 (0.099)	-0.777*** (0.159)	0.109 (0.071)	-0.663*** (0.174)	0.211* (0.060)
企业性质	-0.451*** (0.088)	0.414*** (0.085)	-0.104 (1.175)	0.17* (0.100)	-0.262 (0.226)	0.174** (0.069)	-0.311*** (0.067)	0.371* (0.168)	-0.344*** (0.068)	0.198* (0.104)
人力资本水平	0.317*** (0.078)	0.570*** (0.127)	0.524 (0.047)	0.466*** (0.083)	0.754*** (0.184)	0.557*** (0.073)	0.970*** (0.119)	0.616*** (0.048)	0.816*** (0.076)	0.741*** (0.094)
成长能力	0.307** (0.151)	0.013 (0.046)	0.106 (0.279)	0.167*** (0.047)	0.454*** (0.077)	0.306** (0.156)	0.073** (0.031)	-0.04* (0.024)	0.097 (0.043)	0.019 (0.029)
实际亏损	1.278*** (0.081)	0.855*** (0.086)	0.512* (0.283)	0.627*** (0.101)	0.643*** (0.085)	0.636*** (0.085)	0.484*** (0.143)	0.575*** (0.097)	0.510*** (0.080)	0.159 (0.067)
企业负债	0.066 (0.062)	0.498*** (0.065)	0.192 (0.137)	0.379*** (0.083)	0.018 (0.068)	0.228* (0.133)	-0.012 (0.011)	0.01 (0.012)	-0.01 (0.055)	0.215*** (0.061)
融资约束	-0.011 (0.013)	0.025** (0.012)	0.538* (0.304)	0.486** (0.212)	1.430*** (0.319)	0.481 (0.297)	1.064*** (0.206)	0.061 (0.158)	0.839*** (0.351)	0.452* (0.195)

续表

	2011年		2012年		2013年		2014年		2015年	
	$I=0$	$I=1$	$I=0$	$I=1$	$I=0$	$I=1$	$I=0$	$I=1$	$I=0$	$I=1$
产业市场结构	-0.276*** (0.097)	-0.083 (0.058)	-0.032 (0.874)	-0.121* (0.071)	-0.421** (0.192)	-0.138*** (0.043)	-0.406** (0.162)	-0.102 (0.066)	-0.296*** (0.201)	-0.06 (0.095)
产业选择偏好	0.637*** (0.095)	-0.085 (0.065)	0.444 (1.563)	0.125 (0.116)	0.753*** (0.157)	0.237** (0.110)	0.904*** (0.133)	0.238*** (0.078)	0.632*** (0.144)	0.136 (0.090)
常数项	11.234*** (1.235)	3.586** (1.486)	5.081 (7.019)	2.865*** (1.373)	6.341*** (1.546)	3.753*** (1.303)	4.152*** (0.761)	3.016*** (0.768)	5.051*** (1.135)	1.073 (1.089)
σ	1.622*** (0.073)	1.461*** (0.072)	1.401*** (0.039)	1.399*** (0.084)	1.544*** (0.194)	1.27*** (0.075)	1.624*** (0.089)	1.268*** (0.059)	1.548*** (0.133)	1.208*** (0.050)
ρ	0.801*** (0.079)	-0.876*** (0.021)	0.013 (2.756)	-0.693*** (0.169)	0.736*** (0.240)	-0.634*** (0.211)	0.858*** (0.050)	-0.748*** (0.058)	0.801*** (0.093)	-0.709*** (0.072)
联合独立性LR检验	$\chi^2 2(2)=235.27$***		$\chi^2 2(2)=7.1$*		$\chi^2 2(2)=4.79$*		$\chi^2 2(2)=212.57$***		$\chi^2 2(2)=78.44$***	

注：***、**、*分别表示在1%、5%、10%的显著性水平下显著。括号内为反馈方程［式（20）至式（21）］误差项的标准差。

组（$I=1$）中，年轻企业和老企业均能获取补贴优势，这一研究结果有别于未分类情境下的研究结论。以往研究实证出企业年龄与补贴力度呈现显著的负相关，即老企业获取的政府补贴力度较少。而在本章中，具有高创新能力的老企业由于存在组织竞争优势或资源优势（Hannan等，1984；肖兴志和王伊攀，2014），在补贴中更受青睐；在低创新信号的企业组（$I=0$）中，年轻企业更受政府补贴的青睐。

其次，在高创新能力组（$I=1$）中，相比于非国有企业，国有企业更容易受到政府补贴反馈的青睐，这表明国有企业更有可能因为政治因素而与政府存在密切联系。在低创新能力组（$I=0$）中，国有企业不再具有政治优势，相反非国有企业更容易获取政府补贴，这一研究结论弥补了既有研究在未进行信号分组情况下的研究不足，即国有企业更容易获取高额的政府补贴（孔东民，2013；Wu，2017）。进一步，当高创新能力组（$I=1$）的企业具备较高的企业负债时，它们也更容易获取政府补贴，这一研究结果与Duguet（2004）的研究相契合，表明政府补贴存在负债偏好。然而，这种负债偏好在低创新能力组（$I=0$）并不存在，这表明政府只对具有高创新水平的企业有补贴兴趣，致力于激发其R&D创新。综上，政府补贴反馈的信号差异化分配机制明显存在。

最后，补贴反馈仍具备社会效益，即政府补贴会在小企业、亏损企业表现出更高水平，这与邵敏和包群（2012）的研究一致。同时，政府补贴对人力资本水平更高、融资约束更小的企业亦具备更高的促进作用，即"扶优扶强"（picking-the-winner）。此外，战略性新兴产业不存在信号选择的政府补贴效益，即总是具备补贴优势；同时，企业越是面临更激烈的竞争，越是能获取更多补助，这也呼应了以往研究（Blanes等，2004；曹献飞，2014；王红建等，2014）。

五 稳健性检验

本章引入两种方式对研究结果展开稳健性检验。其一，更换原模型因变量 Sub_i 为政府补贴取对数（$LSub_i$）与政府补贴除以销售收入取对数（$Ssub_i$）的形式，观测其对研究结论的影响。其二，将估计方法——全信息极大似然估计法（the full-information ML method，FIML）替换为 Lee（1978）提出的两阶段修正思路。阶段一是基于决策方程 [式（2-23）] 计算用于修正误差项的逆米尔斯比率 λ_H、λ_L，即：

$$E[\mu_{Hi} | I_i = 1] = \sigma_{\varepsilon H} \frac{\phi(X_i\beta + Z_i\gamma)}{1 - \vartheta(X_i\beta + Z_i\gamma)} = \sigma_{\varepsilon H} \lambda_H$$

$$E[\mu_{Li} | I_i = 0] = \sigma_{\varepsilon L} \frac{-\phi(X_i\beta + Z_i\gamma)}{1 - \vartheta(X_i\beta + Z_i\gamma)} = \sigma_{\varepsilon H} \lambda_L \quad (2-26)$$

阶段二即将 λ_H、λ_L 分别代入反馈方程式（2-21）至式（2-22），得到修正后的回归结果。若 λ_H 或 λ_L 显著，表明原模型存在内生性问题。如表 2-6 所示，改变因变量或修正思路，结论并无实质性改变，实证结果是基本稳定的。

表2-6 原模型与稳定性检验结果对比（2015年）

项目	FIML（$Lsub_i$） $I=0/1$	FIML（$Lsub_i$） $I=0$	FIML（$Lsub_i$） $I=1$	FIML（$Ssub_i$） $I=0/1$	FIML（$Ssub_i$） $I=0$	FIML（$Ssub_i$） $I=1$	两阶段修正法（Sub_i） $I=0/1$	两阶段修正法（Sub_i） $I=0$	两阶段修正法（Sub_i） $I=1$
行业R&D投入	0.097* (0.054)			0.081* (0.049)			0.127* (0.066)		
行业R&D强度	6.275* (3.554)			9.539** (4.110)			7.710* (4.389)		
控制变量	控制	控制	控制	控制	控制	控制	控制	控制	控制
常数项	-1.437 (1.636)	5.162*** (1.080)	1.150 (1.193)	-1.327 (1.511)	1.526 (1.710)	-5.108*** (1.248)	-2.331 (2.061)	4.387* (2.299)	1.804 (1.133)
σ		1.568*** (0.119)	1.164*** (0.068)		1.256*** (0.083)	1.337*** (0.070)			
ρ		0.779*** (0.077)	-0.638*** (0.147)		-0.154 (0.401)	-0.832*** (0.028)			
λ								0.760 (1.033)	-1.745** (0.890)
样本容量	2173	889	1284	2173	889	1284	2713	889	1284
χ^2/R^2	$\chi^2(2)=53.18$***			$\chi^2(2)=169.13$***			0.124	0.121	0.158

注：***、**、*分别表示在1%、5%、10%的显著性水平下显著。

第三章 政府补贴认证信号与 NEVs 企业融资反馈的实证研究

在 NEVs 企业的市场融资过程中,外部投资者会凭借具有公信力的"政府补贴认证"筛选出更具潜力的 NEVs 企业,通过投资以获得更为丰厚的投资回报(Feldman 和 Kelley,2006)。本章就"政府补贴认证信号是否有助于 NEVs 企业获取市场投资者的融资反馈"这一问题展开深入讨论,重点关注其认证信号传递及其质量对融资反馈(债权融资和股权融资)的影响机理,充分论证企业与市场间的创新信号传递与反馈过程。本章的研究结论有助于深化政府补贴认证信号对 NEVs 企业市场融资方面的理解,为优化 NEVs 相关政策及其补贴机制提供了理论指引。

第一节 问题的提出

信号战略在企业战略管理研究中得到越来越多的广泛关注(Bergh 和 Gibbons,2011;Connelly 等,2011)。不同于经典的战略管理研究主要从资源基础与动态能力的角度(Barney,1991;Teece 等,1997;Teece,2007)解释企业的创新活动,企业的创新信号战略更加强调的是企业通过改善信息的不充分与不对称性，降低创新活动存在的高风险与高不确定性，缓解创新活动普遍面临的融资约束问题，同时为提升技术创新能力、促进创新成果转化并最终提升核心竞争力，争取到更优的金融资源与社会资源等。越来越多的学者将关注点放到了以政府为第三方权威机构的信号认证功能上。其中，Lerner（1999）是最早将关注点放到政府认证信息的信号传递功能上的。他认为政府为企业提供创新补贴的基本原理在于：首先，技术溢出效应令企业研发投入的社会收益远高于企业能够获得的私人收益，补贴可以补偿企业的外部性损失，从而激励企业愿意投入研发；其次，通过授予政府补贴，拥有信息优势的政府实际上为企业提供了"官方认证"，从而缓解了企业与市场间的信息不对称，由此帮助企业获得更多外部融资。基于实证分析进一步发现，企业通过参与美国小企业创新研发计划（SBIR），可以向市场传递企业的质量信息，在验证了企业获得 SBIR 资助后，获得风险投资资助的概率会显著提升；此外，获得较多 SBIR 资助的企业相比获得较少资助的企业，在补贴的影响效应上并没有显著差别。这表明获得 SBIR 资助本身（不论其所获资助金额的多少）已足以产生充分的认证效应，这也证实了企业参与的国家科技计划存在信号传递功能。

基于信号传递理论的视角，企业获得的政府资助更像一种奖励，这种奖励公告本身就具有对潜在投资者的信号价值（Feldman 和 Kelley，2006），即"光环效应"（halo effect）。具体来说，当一个以高标准和科学诚信著称的政府机构认为一个有风险的研究项目值得拨款资助时，实际上也证明了这项技术是有价值的。此外，当政府补贴项目的评审与企业的商业化潜力有关时，市场投资者可能更倾向于认为获得补贴的研发项目，相比其他未获得补贴的高风险研发项目，具有更大的潜在盈利能力，同时政府资助本身也会增加该项目获得合理回报率的可能性。因此，政府资助可能会产生"光环效应"，增加获得补贴资助企业研发活动的外源融资。Meuleman 和 De Maeseneire（2012）同样认为企业获得的政府补助向市场传递了认证信号。他们认为政府之所以需要干预市场资助创新企业是源于两种市场失灵：首先，源自技术溢出或创新成果的不完全占有而产生的市场失灵，政府补贴可以补偿这种潜在收益损失以激励企业愿意投入创新；其次，源自不对称信息造成的融资约束而产生的市场失灵，政府补贴可以向市场传递企业的潜在信息。同时，他们归纳了政府筛选资助项目时存在的几个优势：首先是动机优势，由于"搭便车"问题的存在，政府的筛选动机优于以盈利为目的的私人融资机构；其次是信息优势，政府作为中央机构，会收到大量的申请信息，因此和私人融资机构相比，能够更准确地把握各个领域的最新技术，从而更好地避免逆向选择问题。类似的观点在 Lerner（2002；1999）的相关研究中亦有阐述，他认为政府研发资助项目的评审专家对于哪些技术和企业最有前途恐怕有着相当深刻的见解，而银行所进行的传统财务报表分析在这方面的价值是有限的。

基于以上分析，本章提出如下假设。

H3-1：企业获得权威性补贴认证向市场发送创新信号，可以获得债权融资反馈。

H3-2：企业获得权威性补贴认证向市场发送创新信号，可以获得股权融资反馈。

进一步，尽管企业可以通过发送创新信号向政府或市场传递出自身的创新类型信息，但外部投资者也常常因高度信息不对称而无法识别目标优质企业（Tassey，2004）。既有研究指出，当创新信号过于微弱时，企业与市场之间的联通机制并不明显，大量的外部投资者仍因信息不对称而选择观望。因此，企业的融资反馈并不明显。

一方面，政府与市场投资者的资助目标存在差异。政府追求的是社会整体福利的最优，而投资者追求的是个体投资利益的最优。因此，当企业的研发项目具有极高的技术溢出价值时，政府会更倾向于重点资助，尤其是在存在高度不确定性的战略性新兴领域，各国政府都倾向于利用财政资金予以培育扶持。从企业投资收益的角度看，这些领域很可能因过长的投资回报期、过高的技术开发与转化风险而让市场投资人更加谨慎，即便政府补助可以在一定程度上平滑掉部分风险，但这并不意味着一定可以带来更高的收益。因此，政府的资助强度越高，可能更揭示了投资者与政府间越大的目标冲突，从而对市场融资产生抑制作用。

另一方面，在一定时间内，企业创新活动的外部融资需求是有限的。根据优序融资理论，受制于信息不对称与交易成本，企业在选择外部融资时一般会依照内部融资—外部债权融资—外部股权融资的顺序，尽可能保证企业价值（Myers 和 Majluf，1984）。政府补贴作为一种"无偿转移支付"手段，是企业创新活动的重要资金来源。相比债权和股权融资，既无直接融资成本，也无权益转让，在融资顺序中自然优先于市场融资。因此，当企业获得了充裕的政府补贴资助后，很可能会大幅度地降低对外部市场融资的需求，从而造成对其他外部融资的挤出（张彩江和陈璐，2016）。而当企业的融资结构中，来自政府的资助占比过高、依赖过重时，还会引发市场对企业研发与经营稳定性的担忧。一旦政府停止或减少补助（类似光伏与 NEVs 产业曾经发生过的那样），将可能造成企业业绩变化、研发难以为继的不利情况，因此，对于政府资助强度过高的企业，市场在予以投资时也会更加谨慎。

与此同时，企业获得的政府资助强度越高，越有可能削弱政府认证信息对市场融资的引导作用。如前所述，政府与市场投资者间的目标冲突会削弱政府认证信息的可信度。资助强度越高，往往也意味着越高的目标冲突，从而令市场投资者变得更为谨慎。另外，从资源依赖理论的角度看，政府对企业的资助强度越高，也意味着企业研发创新活动对政府补贴资源存在越大的依赖性，这会加重企业与政府间权力关系的不对等程度（Finkelstein，1997）。一旦政策风向转变造成停止或减少补助，会引发市场对企业研发持续性与业绩稳定性的担忧，从而抑制了市场对企业的投资倾向；同时也提高了市场对企业过度注重与政府保持良好关系而存在大量"隐形成本"的担忧，由此削弱了政府认证信息的融资引导作用。

综上所述，不同于满足一定信念标准而发送的补贴认证信号与市场融资间的正相关关系，信号强度与市场融资间的关系很可能存在负相关关系；信号强度越强，越有可能削弱政府认证信号对市场融资的吸引力。基于此，本章提出如下假设。

H3-3：企业通过获得权威性补贴认证向市场发送创新信号越强，其获得的债权融资反馈越少。

H3-4：企业通过获得权威性补贴认证向市场发送创新信号越强，其获得的股权融资反馈越少。

第二节　研究设计

一　数据来源

类似于第二章，本章首先选取"十二五"时期 A 股 NEVs 上市公司作为研究样本，通过 Wind、CSMR 及 Choice 金融数据库筛选本章所需样本。其次，参考 Wu（2017）的思路，剔除了金融类公司与建模期间存在 ST 历史的特殊企业，同时集中关注那些存在研发投入且获得了补贴分配的企业。最后,对所有连续变量利用 Stata16.0 的 Winsorize 命令进行上下 1% 的处理,以避免极端值带来的影响。

二 变量选择

本章涉及的主要研究变量及其测度如表 3-1 所示。

表 3-1　　　　　　　　变量的定义与测度

变量名	定义	测度方法
$Debt_i$	债权融资反馈	企业取得借款收到的现金流除以期初总资产
$Share_i$	股权融资反馈	企业吸收投资收到的现金流除以期初总资产
I_i_nstp	信号决策	1 表示企业声明参与国家科技计划,0 表示未参与
I_i_rdsub		1 表示企业声明获得创新补贴,0 表示未获得
$Stren_i\_rds$	信号强度	企业所获政府创新补贴额除以总资产
$Stren_i\_sub$		企业所获全部政府补贴额除以总资产
$Size_i$	企业规模	企业总资产取对数
Age_i	企业年龄	观测年份与成立年份的差值取对数
Soe_i	企业性质	根据实际控制人性质,1 表示国有性质,0 表示其他性质
Rd_i	研发投入	企业研发费用除以总资产
Roe_i	盈利能力	企业净资产收益率
$Growth_i$	成长能力	营业收入增长率(托宾 Q)
$Loss_i$	实际亏损	1 表示企业补贴前利润小于 0,即实际亏损;0 表示未实际亏损
$Debt_i$	负债结构	企业总负债除以总资产
$Cash_i$	融资约束	经营活动现金流净额除以总资产

(一) 因变量

债权融资 ($Debt_i$)。选取债权融资现金流除以期初总资产,衡量债权投资人对于企业创新信号传递的反馈力度。其中,债权融资现金流以企业取得借款收到的现金衡量。

股权融资（$Share_i$）。选取股权融资现金流除以期初总资产，衡量股权投资人对于企业创新信号传递的反馈力度。其中，股权融资现金流以企业吸收投资收到的现金衡量。

（二）自变量

1. 信号决策（$I_{i\_}nstp$）

信号决策即企业传递的权威性政府补贴认证信号。市场投资者在对企业所获补贴的评判上，并不存在某种共知的具体数量范围的标准，但市场往往会依据补贴项目的级别对其稀缺性与权威性做出判断。通常来说，国家级的补贴项目产生的认证效果会高于地方级的补贴项目。其中，国家科技计划体系的项目又优于普通国家级补贴项目。能够参与国家科技计划的企业，大多从地方级科技计划甄选的候选企业中，优中选优产生，评审流程严苛规范，且要求参与企业的技术方向或产业领域符合国家中长期的科技发展规划，参与资格具有稀缺性。创新能力越强的企业，入选国家科技计划的可能性就越大，为此需付出的信号成本也越低。由此，也得以将自身与创新能力较弱的企业分离开来，且项目信息公开易识别。因此可以认为，选取市场信念分界时，企业是否参与国家科技计划，可以成为一个具备共知性的合理信念标准。若企业参与国家科技计划，则$I_{i\_}nstp=1$；反之，则$I_{i\_}nstp=0$。

"十二五"时期，中国科技计划项目体系主要由基本计划与重大专项构成，其中基本计划主要包括重点基础研究发展计划（"973计划"）、高技术研究发展计划（"863计划"）、重大科学研究计划、科技支撑计划、政策引导类科技计划（主要包括星火计划、火炬计划、科技惠民计划、重点新产品计划等）、创新人才推进计划等；重大专项则主要包括重大新药创制、新一代宽带移动通信、重大传染病防治、极大规模集成电路等。笔者手工搜集了企业参与国家科技计划的历史情况，数据来源一是科技部网站公示的"火炬计划"及重点新产品计划名单，二是翻阅上市公司年报中关于政府补助的附注信息，是否声明获得国家科技计划的相关项目资助。同时，考虑到企业一旦获选国家科技计划，其信号有效期会持续2—3年（例如获得国家重点新产品认证的有效期为3年），同时补贴信号从传递到接收不可避免存在时滞。因此，只要当企业在 $t-1$ 至 t 期出现于科技部公示名单或补贴附注信息中，即可认为该企业获得了国家科技计划资助，即 $I_i\_nstp = 1$。

为了进一步对比不同信号类别对企业信号传递结果的影响，本章选取了替代的市场信念分界，即是否获得政府针对企业创新活动的补贴资助。同样考虑到信号从传递到接收的时滞问题，选择滞后一期的数据。若获得创新补贴，则 $I_i\_rdsub = 1$；反之，则 $I_i\_rdsub = 0$。参考 OECD 和 Eurostat（2019）创新调查手册对于企业创新的分类标准，结合国内学者的相关研究（彭红星和毛新述，2017；李万福等，2017；陆国庆，2014），本章筛选的政府创新补贴不仅包括直接的研发补贴，还包括针对企业技术引进、技术改造、技术成果转化、技术出口贴息、人才引进培训、产学研合作等其他类型创新活动的资金支持，并剔除了诸如纳税奖励、环境治理、上市补贴、社保补贴、拆迁补偿等其他类型的补贴资金，以降低非创新类补贴的噪音干扰。如此一来，获得政府创新补贴资助的企业，相对那些只获得了纳税奖励或拆迁补偿的企业，具有更强创新能力的可能性更高。以是否获得研发补贴为信号，具有一定的信息分离能力，也具备共知性属性。与之相比，企业是否获得综合性政府补贴就不是一个合格的信念标准。由于政府补贴的资助范围太广且门槛太低，企业或多或少都得到了某种名目的补贴资助，用这个标准来衡量企业的潜在创新能力将不具备信息传递价值。当然，研发补贴的获取门槛相对于国家科技计划而言并不高，其权威性与稀缺性亦是不够理想的，是否具备信号传递能力，尚需实证数据的检验。

2. 信号强度（$Stren_i\_rds$）

选取企业所获政府创新补贴额除以企业总资产来衡量信号强度。考虑到企业获得补贴的信息来源披露并不完全，无法完全统计哪些补贴来自国家科技计划的下发资金。因此，本章用企业获得的创新补贴强度来衡量补贴认证的信号强度，这也同时测度了参与国家科技计划对企业获取地方政府配套创新资助的"窗口指导"作用。创新补贴的筛选方式同上。

同时，为了进一步对比不同类型的补贴强度对市场投资反馈的影响，选取企业所获全部政府补贴除以企业总资产，即以企业政府补贴强度（$Stren_i\_sub$）作为对照分析。相较于创新补贴强度，企业获得的全部补贴强度包含了更加综合性的信息，比如当企业与政府的关系越亲密时，或企业对于实现政府的其他政策目标更有帮助时（如促进就业），可能更容易获得综合性的补贴资源，尤其是非创新性补贴。此时的补贴强度越高，并不一定意味着企业有更强的研发创新能力，但可能意味着企业存在某种政府青睐的特质。这种综合信息的传递对市场投资人的反馈行动是否产生影响，需要进一步的数据验证。

3. 控制变量

企业规模（$Size_i$）、企业年龄（Age_i）、企业性质（Soe_i）、研发投入（Rd_i）、盈利能力（Roe_i）、成长能力（$Growth_i$）、实际亏损（$Loss_i$）、融资约束（$Cash_i$）、负债结构（$Debt_i$）。

此外，为了进一步控制不同年份带来的异质性影响，本章也控制了企业所处的年份信息。具体而言，以行业聚类的稳健标准误来修正模型默认的标准误（Cameron 和 Miller，2015），以进一步控制行业效应与可能存在的异方差问题。

第三节 实证结果分析

一 描述性统计

在进行正式计量建模之前，对主要研究变量按照是否参与国家科技计划进行初步的分组对比，具体结果如表3-2所示。总计样本点5332个，年均1333个企业数据，因变量跨越4个时期，为平衡面板数据。值得注意的是，从债权融资反馈变量的中位数来看，该变量为一个典型的受限因变量，存在大量观测值为0的情况，即左侧归并点为0。此时若直接采用面板固定或随机效应回归来估计，不论是使用整体样本还是使用去掉离散点后的子样本，都无法得到一致的估计（Tobin，1958）。因变量股权融资的0值略少，但也有类似的问题，需要在后续的计量设计中加以注意。

表3-2　　　　　　　　总样本的描述性统计

	样本量（个）	均值	中位数	标准差	最小值	最大值
$Debt_i$	5332	0.216	0.169	0.212	0.000	1.001
$Share_i$	5332	0.035	0.000	0.097	0.000	0.553
$I_{i\_}nstp$	5332	0.304	0.000	0.460	0.000	1.000
$I_{i\_}rdsub$	5332	0.743	1.000	0.437	0.000	1.000
$Stren_{i\_}rds$	5332	0.001	0.000	0.002	0.000	0.009
$Stren_{i\_}sub$	5332	0.007	0.004	0.008	0.000	0.042
$Size_i$	5332	22.032	21.814	1.198	20.046	23.984
Age_i	5332	2.711	2.708	0.315	0.693	3.555

续表

	样本量（个）	均值	中位数	标准差	最小值	最大值
Soe_i	5332	0.219	0.000	0.414	0.000	1.000
Rd_i	5332	0.021	0.018	0.017	0.000	0.090
Roe_i	5332	7.059	6.725	9.138	-32.091	32.569
$Growth_i$	5332	0.137	0.090	0.317	-0.420	1.703
$Loss_i$	5332	0.150	0.000	0.358	0.000	1.000
$Debt_i$	5332	0.404	0.395	0.201	0.046	0.848
$Cash_i$	5332	0.045	0.043	0.063	-0.127	0.220

注：对所有企业层面连续变量利用Stata16.0的Winsorize命令进行了上下1%的处理，以避免极端值带来的影响。

针对被解释变量与控制变量的分组样本均值的对比，分组依据为企业的信号决策，分别为是否参与国家科技计划与是否声明获得创新补贴。首先进行各分组样本的齐性方差（equal variances）检验，根据结果选择齐性方差进行均值T检验，统计结果如表3-3所示。依据均值对比的显著性结果，不论以是否参与国家科技计划为分组依据，还是以是否获得创新补贴为分组依据，处理组（$I_i = 1$）与对照组（$I_i = 0$）相比，都有相对更小的规模、更低的国有企业占比、更高的研发投入水平、更低的负债水平与更分散的控制结构。有所区别的是，当以是否获得创新补贴为分组依据时，处理组相对控制组还有更高的融资约束与更低的机构持股比例，即融资需求相对更为强烈。

从市场融资反馈的分组对比来看，在未对各控制变量的影响加以分离的前提下，参与国家科技计划似乎让企业更难获得债权市场融资；股权市场融资在参与国家科技计划时略高于未参与组，但分组均值差异并不显著。类似地，在不考虑控制变量的影响下，获得创新补贴似乎也同样不利于企业获取债权市场融资；但在股权市场的融资竞争中，较未获得创新补贴的企业，获得创新补贴的企业明显拥有优势。同时，从不同分组依据的样本分布来看，参与国家科技计划的企业明显少于获得创新补贴的企业，参与国家科技计划的确具有更高的稀缺性与权威性。

表 3-3　　　　　　　　　　分组描述性统计

	$I_{i\_nstp}=0$	均值	$I_{i\_nstp}=1$	均值	均值对比
$Debt_i$	3712	0.222	1620	0.204	0.018***
$Share_i$	3712	0.034	1620	0.037	-0.002
$Size_i$	3712	22.071	1620	21.941	0.131***
Age_i	3712	2.716	1620	2.702	0.014
Soe_i	3712	0.230	1620	0.194	0.036***
Rd_i	3712	0.019	1620	0.026	-0.007***
Roe_i	3712	7.045	1620	7.090	-0.045
$Growth_i$	3712	0.134	1620	0.143	-0.009
$Loss_i$	3712	0.151	1620	0.149	0.001
$Debt_i$	3712	0.413	1620	0.384	0.028***
$Cash_i$	3712	0.046	1620	0.045	0.001
	$I_{i\_rdsub}=0$	均值	$I_{i\_rdsub}=1$	均值	均值对比
$Debt_i$	1370	0.227	3962	0.213	0.014**
$Share_i$	1370	0.029	3962	0.037	-0.008***
$Size_i$	1370	22.551	3962	21.852	0.699***
Age_i	1370	2.705	3962	2.714	-0.009
Soe_i	1370	0.329	3962	0.181	0.148***
Rd_i	1370	0.019	3962	0.022	-0.003***
Roe_i	1370	7.000	3962	7.079	-0.080
$Growth_i$	1370	0.127	3962	0.140	-0.013
$Loss_i$	1370	0.148	3962	0.151	-0.003
$Debt_i$	1370	0.456	3962	0.386	0.070***
$Cash_i$	1370	0.049	3962	0.044	0.004**

注：***、**分别表示在1%、5%的显著性水平下显著。

二 创新信号传递对市场融资反馈的影响分析

在进行计量回归之前,首先需要确定面板数据模型的设定形式。由于企业不同时期的扰动项一般存在自相关,本章采用聚类稳健标准误来替代普通标准误,这将导致传统的豪斯曼检验不再适用。根据陈强(2014)的建议,采用过度识别检验(overidentification test)判断使用随机效应模型或固定效应模型。结果表明,不论因变量为债权融资还是股权融资,该检验的 p 值皆为 0,强烈拒绝原假设,应采用固定效应模型。同时,将企业所属年度信息作为虚拟变量引入模型后,检验所有年度虚拟变量的联合显著性,不论因变量为债权融资还是股权融资,该检验的 p 值皆为 0,强烈拒绝无时间效应的原假设,因此,还应在固定效应模型中包含时间效应,也即采用双向固定效应模型。

与此同时,由于因变量债权融资反馈与股权融资反馈都包含了大量观测值为 0 的数据,直接采用固定效应模型可能无法得到一致的估计。本章参考 Tobin(1958)的建议,利用归并回归,即 Tobit 模型来克服该问题。该模型设定为:

$$y_{it}^* = x_{it}'\beta + u_i + \varepsilon_{it}, \text{ with } y_{it} = \begin{cases} y_{it}^*, & \text{if } y_{it}^* > 0 \\ 0, & \text{if } y_{it}^* \leq 0 \end{cases} \quad (3-1)$$

其中,y_{it}^* 为不可观测变量,y_{it} 为观测到的因变量,该模型表示当 $y_{it}^* \leq 0$ 时,y_{it} 的分布被挤到一个离散点,即 $y_{it} = 0$;而当 $y_{it} > 0$ 时,该模型的概率密度不变。也就是说,因变量的概率分布为离散点与连续分布所组成的混合分布。扰动项 ε_{it} 服从 $N(0, \sigma_\varepsilon^2)$,$u_i$ 为个体效应。

根据个体效应是否存在，Tobit 模型有着全然不同的拟合策略。

首先，若个体效应不存在，即 $u_1 = u_2 = \cdots = u_n$，可直接进行混合 Tobit 回归（使用聚类稳健标准误以避免异方差问题）。不过，混合 Tobit 回归的 MLE 估计仍可能是不一致的，需要对扰动项进行进一步的正态分布检验。原因在于市场融资反馈为 0 或者大于 0 的决定机制很可能是不同的。该决策可分为两个阶段，阶段一为参与决策（participation decision），即企业决定是否进行市场融资；阶段二为数量决策（amount decision），即市场决定给予多少融资反馈，两个阶段相互独立。此时，可参考 Cragg（1971）的建议，采用推广的混合 Tobit 模型，即两部分模型（two-part model）进行拟合。

其次，若个体效应存在，则采用面板 Tobit 模型进行拟合。此时，若 u_i 与自变量 x_{it} 相关，则应使用固定效应模型。然而，由于固定效应的 Tobit 模型无法找到个体效应 u_i 的充分统计量，即无法进行条件最大似然估计，故面板 Tobit 只有随机效应模型（Wooldridge，2010），这与过度识别检验的判定结果矛盾。鉴于此，本章同时汇报双向固定效应面板回归模型与 Tobit 模型两种拟合结果作为参考。

在此进行样本数据 Tobit 模型的个体效应检验。分别以债权融资反馈与股权融资反馈为因变量，对个体异质性 u_i 进行检测，假设 u_i 服从 $N(0, \sigma_u^2)$。可通过检验原假设 $\sigma_u = 0$ 来判断个体效应是否存在，该检验在 Stata16.0 中称为 LR test of sigma_u = 0，检验结果分别见表 3-4 与表 3-5 的最后一行。结果显示，当以债权融资反馈为因变量时，LR 检验强烈拒绝原假设，即存在个体效应，应采用随机面板 Tobit 回归；而当以股权融资反馈为因变量时，LR 检验未能拒绝原假设，即不存在个体效应，应采用混合面板 Tobit 回归。

表 3-4 的拟合结果表明，不论是直接采用固定效应面板模型，

还是采用随机效应的 Tobit 面板模型，在分离了一系列控制变量的影响后，样本企业通过参与国家科技计划，即 $I_{i\_}nstp=1$，有效地向债权投资者发送了自身潜在能力信号，成功地获取了更高水平的债权融资反馈。假设 H3-1 得到证实。相对地，若企业以是否获得创新补贴为信号，即 $I_{i\_}rdsub=1$，则未能产生类似的信号传递作用，该信号为无效信号。

表 3-4　　　　　　　　创新信号传递与债权融资反馈

	（1）固定效应面板模型	（2）固定效应面板模型	（3）面板 Tobit 模型	（4）面板 Tobit 模型
$I_{i\_}nstp$	0.012** (0.006)		0.012** (0.005)	
$I_{i\_}rdsub$		0.001 (0.005)		0.005 (0.005)
$Size_i$	0.065*** (0.017)	0.065*** (0.017)	0.006 (0.004)	0.007 (0.004)
Age_i	0.098* (0.050)	0.100** (0.050)	0.038** (0.015)	0.038** (0.015)
Soe_i	0.013 (0.015)	0.013 (0.015)	-0.031*** (0.010)	-0.031*** (0.010)
Rd_i	0.863*** (0.330)	0.870*** (0.333)	0.223 (0.209)	0.252 (0.209)
Roe_i	0.000 (0.000)	0.000 (0.000)	0.000 (0.000)	0.000 (0.000)
$Growth_i$	0.038*** (0.011)	0.038*** (0.011)	0.066*** (0.006)	0.066*** (0.006)
$Loss_i$	-0.002 (0.005)	-0.003 (0.005)	-0.003 (0.006)	-0.004 (0.006)
$Debt_i$	0.592*** (0.035)	0.592*** (0.035)	0.736*** (0.020)	0.736*** (0.020)

续表

	（1） 固定效应 面板模型	（2） 固定效应 面板模型	（3） 面板 Tobit 模型	（4） 面板 Tobit 模型
$Cash_i$	-0.335*** (0.038)	-0.336*** (0.038)	-0.396*** (0.034)	-0.399*** (0.034)
时期效应	控制	控制	控制	控制
行业效应	控制	控制	控制	控制
常数项	-1.771*** (0.394)	-1.791*** (0.395)	-0.358*** (0.101)	-0.368*** (0.102)
sigma_u:_cons			0.152*** (0.004)	0.152*** (0.004)
sigma_e:_cons			0.104*** (0.001)	0.104*** (0.001)
样本容量	5332	5332	5332	5332
R^2	0.276	0.275		
LR test of sigma_u=0			2729.310***	2722.400***

注：***、**、*分别表示在1%、5%、10%的显著性水平下显著。第（1）—（2）列括号内为聚类稳健标准误。

表3-5　　　　　　　　创新信号传递与股权融资反馈

	（1） 固定效应 面板模型	（2） 固定效应 面板模型	（3） 面板 Tobit 模型	（4） 面板 Tobit 模型	（5） 混合 Tobit 模型	（6） 混合 Tobit 模型
I_{i_nstp}	0.002 (0.004)		-0.001 (0.005)		-0.001 (0.005)	
I_{i_rdsub}		-0.005 (0.004)		0.009 (0.005)		0.009 (0.005)
$Size_i$	0.190*** (0.010)	0.190*** (0.010)	0.034*** (0.003)	0.035*** (0.003)	0.034*** (0.003)	0.035*** (0.003)
Age_i	0.182*** (0.040)	0.183*** (0.040)	0.001 (0.008)	0.001 (0.008)	0.001 (0.007)	0.001 (0.007)

续表

	(1) 固定效应面板模型	(2) 固定效应面板模型	(3) 面板Tobit模型	(4) 面板Tobit模型	(5) 混合Tobit模型	(6) 混合Tobit模型
Soe_i	0.014 (0.014)	0.014 (0.014)	-0.003 (0.006)	-0.003 (0.006)	-0.003 (0.007)	-0.003 (0.007)
Rd_i	1.628*** (0.255)	1.629*** (0.255)	0.531*** (0.149)	0.524*** (0.147)	0.531*** (0.159)	0.524*** (0.155)
Roe_i	0.000 (0.000)	0.000 (0.000)	-0.000 (0.000)	-0.000 (0.000)	-0.000 (0.000)	-0.000 (0.000)
$Growth_i$	0.021*** (0.006)	0.021*** (0.006)	0.105*** (0.007)	0.105*** (0.007)	0.105*** (0.009)	0.105*** (0.009)
$Loss_i$	-0.001 (0.005)	-0.001 (0.005)	-0.010 (0.008)	-0.010 (0.008)	-0.010 (0.008)	-0.010 (0.008)
$Debt_i$	-0.516*** (0.026)	-0.517*** (0.026)	-0.150*** (0.015)	-0.150*** (0.015)	-0.150*** (0.017)	-0.150*** (0.017)
$Cash_i$	-0.129*** (0.027)	-0.129*** (0.027)	-0.340*** (0.037)	-0.339*** (0.037)	-0.340*** (0.038)	-0.339*** (0.038)
时期效应	控制	控制	控制	控制	控制	控制
行业效应	控制	控制	控制	控制	控制	控制
常数项	-4.491*** (0.240)	-4.492*** (0.241)	-0.653*** (0.060)	-0.674*** (0.061)	-0.653*** (0.068)	-0.674*** (0.070)
sigma_u:_cons			0.000*** (0.000)	0.000*** (0.000)		
sigma_e:_cons			0.142*** (0.002)	0.142*** (0.002)		
sigma:_cons					0.142*** (0.004)	0.142*** (0.004)
样本容量	5332	5332	5332	5332	5332	5332
R^2/Pseudo R^2	0.326	0.327			0.844	0.847
LR test of sigma_u=0			0.000	0.000		

注：***表示在1%的显著性水平下显著。第(1)—(2)列、第(5)—(6)列括号内为聚类稳健标准误。

进一步，结合 Skeels 和 Vella（1999）与 Drukker（2002）的思路对股权融资反馈混合 Tobit 模型的扰动项进行正态性检验。采用参数自助法（parametric bootstrap）校正显著性水平扭曲（size distortion）后，得到条件矩检验（conditional moment test）的条件矩统计量高达 959.44，强烈拒绝原假设，扰动项不满足正态分布，混合 Tobit 模型的估计是不一致的。由此，采用两部分模型分别对企业股权融资的参与决策与数量决策进行拟合。

根据 Cragg（1971）的设定，首先生成因变量（股权融资反馈 $share_i$）的虚拟变量 $equity_i$，当因变量 $share_i > 0$ 时，$equity_i = 1$；反之，则 $equity_i = 0$。其次，以 $equity_i$ 为参与决策模型的因变量对全样本数据进行 Probit 回归，自变量与控制变量与混合 Tobit 模型保持一致。最后，仅使用获得了股权融资的子样本（即 $equity_i = 1$）进行 OLS 回归，并采用聚类稳健标准误以避免可能的非正态与异方差问题，拟合结果如表 3-6 所示。

两部分模型的拟合结果再次印证了当企业以是否参与国家科技计划为创新信号进行传递时，股权市场的投资者并没有给予与之对应的信号反馈，参与国家科技计划似乎并不是企业吸引股权融资的有效信号。一方面，参与国家科技计划并不是企业决定进行股权融资的重要原因；另一方面，参与国家科技计划也不是决定企业获得多少股权融资的关键所在。企业若以参与国家科技计划向股权投资者发送创新信号，似乎不是一个理想的选择，应该考虑替代的创新信号。

与之相对应，股权投资者对于企业是否获得创新补贴表现出显著的偏好。虽然获得创新补贴并不是企业决定是否进行股权融资的关键，但获得创新补贴认证的企业，在进行股权融资时，明显获得了更多资金支持。传递创新补贴认证信号在股权融资市场上是一个有效的信号选择。假设 H3-2 得到证实。

表3-6 企业创新信号传递与股权融资反馈（两部分模型）

	(1) $equity_i$	(2) $share_i$	(3) $equity_i$	(4) $share_i$
I_{i_nstp}	-0.004 (0.045)	-0.002 (0.005)		
I_{i_rdsub}			0.010 (0.048)	0.010** (0.005)
$Size_i$	0.317*** (0.029)	0.011*** (0.003)	0.317*** (0.029)	0.012*** (0.002)
Age_i	-0.197** (0.078)	0.023*** (0.007)	-0.198** (0.079)	0.022*** (0.003)
Soe_i	-0.029 (0.062)	0.001 (0.006)	-0.029 (0.062)	0.002 (0.003)
Rd_i	5.517*** (1.499)	-0.006 (0.163)	5.498*** (1.473)	-0.013 (0.060)
Roe_i	-0.002 (0.002)	-0.000 (0.000)	-0.002 (0.002)	-0.000 (0.000)
$Growth_i$	0.675*** (0.064)	0.067*** (0.009)	0.675*** (0.064)	0.067*** (0.004)
$Loss_i$	-0.085 (0.062)	-0.006 (0.008)	-0.085 (0.062)	-0.006** (0.002)
$Debt_i$	-0.636*** (0.146)	-0.155*** (0.018)	-0.636*** (0.146)	-0.155*** (0.017)
$Cash_i$	-1.823*** (0.323)	-0.274*** (0.037)	-1.821*** (0.324)	-0.272*** (0.038)
时期效应	控制	控制	控制	控制
行业效应	控制	控制	控制	控制
常数项	-5.624*** (0.651)	-0.144** (0.063)	-5.645*** (0.663)	-0.171*** (0.038)
样本容量	5332	2658	5332	2658
R^2/Pseudo R^2	0.082	0.126	0.082	0.127

注：***、**分别表示在1%、5%的显著性水平下显著。括号内为聚类稳健标准误。

三 创新信号强度与市场融资反馈的影响分析

在明确了权威性补贴认证信号对企业市场融资的信号传递效应之后,在此对企业创新信号质量因素的影响机制加以检验,检验企业信号强度对企业市场融资是否存在影响作用以及其对企业补贴认证的信号传递效应是否存在调节作用。

进行调节效应分析前,首先,根据温忠麟等(2005)的建议,对所有涉及的自变量与调节变量进行中心化处理。其次,从两个方面对信号强度进行度量。其中,变量 $Stren_i\_rds$ 表示以企业获得的创新补贴强度衡量信号强度,变量 $Stren_i\_sub$ 表示以企业获得的全部政府补贴强度(包括非创新补贴的部分)作为信号强度的替代衡量指标。两种衡量方式的信号强度对企业债权与股权融资反馈的调节效应结果分别如表3-7和表3-8所示。同样,针对样本数据的过度识别检验与年度虚拟变量的联合显著性检验,提示应采用双向固定效应面板模型。而鉴于因变量含有大量0值的特殊数据结构,同时采用 Tobit 模型进行拟合,并对样本数据的个体效应进行 LR 检验。最后,结合对扰动项正态性的考察,分别采用双向固定效应面板模型、随机面板 Tobit 模型与两部分模型,对信号强度之于企业债权与股权融资反馈的调节效应展开分析。

表3-7与表3-8反映了分别以变量 $Stren_i\_rds$ 与变量 $Stren_i\_sub$ 衡量信号强度的债权融资市场分析结果。首先,以是否参与国家科技计划传递的补贴认证信号对帮助企业获取更多的债权融资支持具有显著的正向激励作用,且该信号传递效应具有稳健性。再次印证了本章的假设 H3-1。其次,以创新补贴强度衡量的信号强度并不能直接作用于债权市场投资人的反馈决策,其对企业创新信号

的调节作用也十分微弱,临界于显著与不显著之间。这表明债权投资者在解读企业传递的补贴认证信号时,更看重是否越过信念分界(也即是否获得国家科技计划的参与资格),而对于国家科技计划所引致的不同水平的配套创新补贴资金,并没有表现出显著的反馈差异。最后,当以企业获得的全部补贴强度衡量信号强度时,面板 Tobit 回归的拟合结果表明,过多的综合性补贴会减少企业获得的债权融资反馈,但对创新信号本身并无调节作用。这既可能源自投资人对过多的非创新类补贴对企业经营过度干预的担忧,也可能源自投资人对以综合性补贴揭示的企业潜在创新能力的质疑。当然,这还可能因为过度的补贴本身也显著降低了企业对债权融资的需求。过高的补贴强度(不论是否为创新型补贴)将可能造成市场资源分配的扭曲,使权威性补贴认证信号既无法实现有效的信号传递,也难以实现撬动社会性金融资产再分配的宏观调控作用,甚至直接对企业的市场融资产生挤出效应。由此,假设 H3-3 得到证实。

表 3-7　　　　信号强度对债权融资反馈的影响分析 I

	（1）固定效应面板模型	（2）固定效应面板模型	（3）面板 Tobit 模型	（4）面板 Tobit 模型
I_i_nstp	0.012** (0.006)	0.011** (0.006)	0.012** (0.005)	0.011** (0.005)
$Stren_i\_rds$	1.185 (1.364)	-0.489 (1.629)	0.858 (1.357)	-0.752 (1.679)
$I_i \times Stren_i\_rds$		4.306* (2.483)		4.084 (2.507)
控制变量	控制	控制	控制	控制
时期效应	控制	控制	控制	控制
行业效应	控制	控制	控制	控制

续表

	（1） 固定效应 面板模型	（2） 固定效应 面板模型	（3） 面板 Tobit 模型	（4） 面板 Tobit 模型
常数项	-1.777*** (0.396)	-1.772*** (0.396)	-0.361*** (0.102)	-0.363*** (0.102)
sigma_u：_cons			0.152*** (0.004)	0.153*** (0.004)
sigma_e：_cons			0.104*** (0.001)	0.104*** (0.001)
样本容量	5332	5332	5332	5332
R^2	0.276	0.277		
LR test of sigma_u=0			2729.63***	2732.20***

注：***、**、*分别表示在1%、5%、10%的显著性水平下显著。第（1）—（2）列括号内为聚类稳健标准误。

表3-8　　信号强度对债权融资反馈的影响分析Ⅱ

	（1） 固定效应 面板模型	（2） 固定效应 面板模型	（3） 面板 Tobit 模型	（4） 面板 Tobit 模型
I_i_nstp	0.012** (0.006)	0.012** (0.006)	0.013** (0.005)	0.012** (0.005)
$Stren_i\_sub$	-0.567 (0.403)	-0.598 (0.415)	-0.976*** (0.337)	-0.992*** (0.341)
$I_i \times Stren_i\_sub$		0.413 (0.546)		0.189 (0.575)
控制变量	控制	控制	控制	控制
时期效应	控制	控制	控制	控制
行业效应	控制	控制	控制	控制
常数项	-1.749*** (0.395)	-1.747*** (0.395)	-0.340*** (0.101)	-0.341*** (0.101)
sigma_u：_cons			0.152*** (0.004)	0.152*** (0.004)

续表

	（1）固定效应面板模型	（2）固定效应面板模型	（3）面板 Tobit 模型	（4）面板 Tobit 模型
sigma_e:_cons			0.104*** (0.001)	0.104*** (0.001)
样本容量	5332	5332	5332	5332
R^2	0.277	0.277		
LR test of sigma_u=0			2735.56***	2734.01***

注：***、**分别表示在1%、5%的显著性水平下显著。第（1）—（2）列括号内为聚类稳健标准误。

表3-9与表3-10反映了以变量 $Stren_i\_rds$ 与变量 $Stren_i\_sub$ 分别衡量信号强度的股权融资市场分析结果。首先，基于两部分模型规避扰动项非正态性的影响后，以企业是否获得创新补贴衡量的补贴认证信号对帮助企业获取更多的股权融资支持具有较为显著的正向激励作用，且该信号传递效应具有稳健性。再次印证了假设H3-1。其次，以创新补贴强度衡量的信号强度并不能直接作用于股权市场投资人的反馈决策，也未能证实对企业创新信号的调节作用，虽然上述两种作用的系数皆为正，但均未达到显著标准。这表明与债权市场类似，股权市场投资人也更看重企业传递信号是否达到信念分界，即是否获得创新补贴。对于获得创新补贴资格后所引致的不同水平的配套创新资金额度，并没有给予差异化的反馈。最后，当以企业获得的全部补贴强度衡量信号强度时，面板 Tobit 回归的拟合结果表明，过多的综合性补贴会减少企业获得股权融资反馈，但对企业发送的创新信号本身并无调节作用。以上结果也再次验证了本章关于信号强度之于市场融资的假设，假设H3-4得以验证。

表 3-9　　信号强度对股权融资反馈的影响分析 I

	（1） 固定效应 面板模型	（2） 固定效应 面板模型	（3） 两部分模型	（4） 两部分模型
I_i_rdsub	-0.005 (0.004)	-0.004 (0.004)	0.010* (0.005)	0.010* (0.006)
$Stren_i\_rds$	-0.425 (1.016)	-0.615 (1.070)	0.451 (1.933)	0.132 (2.182)
$I_i \times Stren_i\_rds$		0.730 (2.179)		1.071 (5.324)
控制变量	控制	控制	控制	控制
时期效应	控制	控制	控制	控制
行业效应	控制	控制	控制	控制
常数项	-4.492*** (0.241)	-4.491*** (0.241)	-0.167** (0.066)	-0.166** (0.065)
样本容量	5332	5332	2658	2658
R^2	0.327	0.327	0.127	0.127

注：***、**、* 分别表示在1%、5%、10%的显著性水平下显著。括号内为聚类稳健标准误。

表 3-10　　信号强度对股权融资反馈的影响分析 II

	（1） 固定效应 面板模型	（2） 固定效应 面板模型	（3） 两部分模型	（4） 两部分模型
I_i_rdsub	-0.005 (0.004)	-0.005 (0.004)	0.010** (0.005)	0.010* (0.005)
$Stren_i\_sub$	-0.870*** (0.332)	-0.883*** (0.317)	-0.593* (0.344)	-0.660* (0.341)
$I_i \times Stren_i\_sub$		0.080 0.361)		0.405 (0.572)
控制变量	控制	控制	控制	控制
时期效应	控制	控制	控制	控制
行业效应	控制	控制	控制	控制

续表

	（1）固定效应面板模型	（2）固定效应面板模型	（3）两部分模型	（4）两部分模型
常数项	-4.465*** (0.240)	-4.464*** (0.240)	-0.159** (0.065)	-0.157** (0.065)
样本容量	5332	5332	2658	2658
R^2	0.328	0.328	0.128	0.128

注：***、**、*分别表示在1%、5%、10%的显著性水平下显著。括号内为聚类稳健标准误。

综上所述，虽然债权市场与股权市场在关于企业补贴认证信号的信念选择上存在明显区别，即债权市场对企业所获政府创新补贴的权威性与稀缺性要求明显更高，而股权市场更关注企业是否具有获得政府创新类补贴的资格，但在信号强度之于企业创新信号调节效应的分析结果上，却具有高度的一致性。更高水平的信号强度并不能帮助企业获得更多市场融资，且对企业传递创新信号以获取市场融资反馈的机制也未表现出调节作用。市场投资人更看重补贴认证信号所产生的"入场券"效应，而对于信号本身所引致的配套资金，并不会因配套资金水平的高低而影响市场投资决策。当然，究其原因，也很可能源自企业在充分的补贴资助下，削弱了其社会融资需求。

四 异质性分析

（一）创新信号传递、企业性质与市场融资反馈

在此基于企业内部异质性与差异化的外部政策环境的视角，对企业传递创新信号获取市场融资的相应机制展开分组讨论。依据企业性质的不同看国有企业与非国有企业在传递信号以获取融资上的

差异化机制，样本回归结果分别如表3-11与表3-12所示。

表3-11　　　　创新信号传递、企业性质与债权融资反馈

	（1） 国有企业	（2） 非国有企业	（3） 国有企业	（4） 非国有企业
I_{i_nstp}	0.010 (0.016)	0.012** (0.006)	0.004 (0.011)	0.012** (0.006)
控制变量	控制	控制	控制	控制
时期效应	控制	控制	控制	控制
行业效应	控制	控制	控制	控制
常数项	-0.603 (1.214)	-1.968*** (0.325)	-0.001 (0.214)	-0.522*** (0.118)
sigma_u：_cons			0.155*** (0.007)	0.152*** (0.004)
sigma_e：_cons			0.098*** (0.002)	0.104*** (0.001)
样本容量	1170	4162	1170	4162
R^2	0.227	0.312		
LR test of sigma_u=0			657.25***	2003.68***

注：***、**分别表示在1%、5%的显著性水平下显著。第（1）—（2）列括号内为聚类稳健标准误。第（1）—（2）列为双向固定面板数据回归，第（3）—（4）列为随机面板Tobit回归。

表3-12　　　　创新信号传递、企业性质与股权融资反馈

	（1） 国有企业	（2） 非国有企业	（3） 国有企业	（4） 非国有企业
I_{i_rdsub}	-0.009 (0.007)	-0.002 (0.004)	0.010 (0.009)	0.010 (0.006)
控制变量	控制	控制	控制	控制
时期效应	控制	控制	控制	控制

续表

	（1）国有企业	（2）非国有企业	（3）国有企业	（4）非国有企业
行业效应	控制	控制	控制	控制
常数项	-3.395*** (0.420)	-4.768*** (0.273)	0.305*** (0.107)	-0.385*** (0.085)
样本容量	1170	4162	621	2037
R^2	0.239	0.353	0.141	0.139

注：***表示在1%的显著性水平下显著。括号内为聚类稳健标准误。第（1）—（2）列为双向固定面板回归，第（3）—（4）列为两部分回归的数量决策模型。

结果表明，非国有企业通过参与国家科技计划，向债权投资者传递自身能力信息，对于获得更多的债权融资反馈有着显著的正向作用；而国有企业的信号传递效应则不显著。也就是说，在债权融资市场中，企业性质对以国家科技计划为载体的创新信号传递效应产生了调节作用。究其原因，鉴于国有企业与政府间天然的紧密联系，债权市场投资人很可能更倾向于认为，国有企业获得的来自政府的第三方认证的可信度不如非国有企业，使非国有企业利用补贴认证信号获取债权融资更具优势。不过，企业性质的这种调节作用在股权融资市场则并不显著。股权投资人并不会因企业是国有或非国有，而对其传递的认证信号（是否获得创新补贴）给予差异化的反馈机制。

（二）创新信号传递、企业规模与市场融资反馈

基于企业规模，探讨企业传递创新信号获取市场融资反馈的差异化机制。企业规模的分组依据是上市公司所属板块，当其属于中小板块时，划分为中小企业；当其属于主板时，划分为大型企业。

表3-13反映了债权市场的分组回归结果，其中，中小企业通过参与国家科技计划，向债权投资人传递自身能力信息，显著地获得了更多的债权融资反馈。而在大型企业中，这种信号传递效应则

并不显著。这表明在债权融资市场中,企业规模对企业信号传递效应产生了调节作用。究其原因,可能源自中小企业的信息不对称程度更为严重,因此对来自政府的第三方认证信号的依赖度更高。这实际上也再次验证了假设 H3-3。当第三方认证信号对于市场的参考价值越大时,认证信号能够引致的融资反馈就越多。当将不同规模的企业分离开来时,可以明显地看到,以国家科技计划为载体的创新信号明显地对中小企业揭示自身能力信息、缓解信息不对称问题以获取更多债权融资,产生了更为显著而积极的帮助。

表 3-13　　创新信号传递、企业规模与债权融资反馈

	(1) 中小企业	(2) 大型企业	(3) 中小企业	(4) 大型企业
I_{i_nstp}	0.019*** (0.007)	-0.000 (0.009)	0.015** (0.007)	0.003 (0.008)
控制变量	控制	控制	控制	控制
时期效应	控制	控制	控制	控制
行业效应	控制	控制	控制	控制
常数项	-2.090*** (0.383)	-1.482** (0.710)	-0.826*** (0.159)	-0.484*** (0.165)
sigma_u:_cons			0.139*** (0.005)	0.162*** (0.006)
sigma_e:_cons			0.105*** (0.002)	0.098*** (0.002)
样本容量	3068	2264	3068	2264
R^2	0.327	0.247		
LR test of sigma_u = 0			1235.84***	1463.49***

注:***、**分别表示在1%、5%的显著性水平下显著。第(1)—(2)列括号内为聚类稳健标准误。第(1)—(2)列为双向固定面板数据回归,第(3)—(4)列为随机面板 Tobit 回归。

不过，根据表3-14的股权市场分组回归结果，企业规模的这种调节作用在股权融资市场中并不显著。股权投资人并未因企业属于小型企业或大型企业，而对基于企业传递的认证信号（是否获得创新补贴）采取差异化的反馈机制。

表3-14 创新信号传递、企业规模与股权融资反馈

	（1）中小企业	（2）大型企业	（3）中小企业	（4）大型企业
I_i_rdsub	-0.003 (0.005)	-0.005 (0.005)	0.011 (0.008)	0.005 (0.007)
控制变量	控制	控制	控制	控制
时期效应	控制	控制	控制	控制
行业效应	控制	控制	控制	控制
常数项	-4.875*** (0.343)	-3.677*** (0.318)	-0.593*** (0.123)	0.227** (0.093)
样本容量	3068	2264	1537	1121
R^2	0.364	0.297	0.136	0.162

注：***、**分别表示在1%、5%的显著性水平下显著。括号内为聚类稳健标准误。第（1）—（2）列为双向固定面板回归，第（3）—（4）列为两部分回归的数量决策模型。

五 稳健性检验

为保证本章研究结论的可靠性，笔者采取多种方式进行稳健性检验。首先，拓展样本区间为2008—2011年，并采用DID来检验其内生性。交互项 Dt × Gi 的回归结果显示：以短期债务比重 SHORT - TERM 为测试变量时，相关系数的回归系数 $\beta = -0.0194$，$p < 0.01$、$\beta = -0.0257$，$p < 0.05$ 和 $\beta = -0.0202$，$p < 0.05$；以长期债务比重 LONG - TERM 为测试变量时，相关回归系数 $\beta = 0.0133$，$p < 0.01$、

$\beta=0.0092$，$p<0.1$（10%的显著性水平下显著）和 $\beta=0.0097$，$p<0.1$，回归结果依然显著，通过稳健性检验。其次，考虑到公司上市当年的资产负债结构可能存在异常情况，以主体样本为基础，删除了当年 IPO 的公司后，重复实证过程，其整体回归结果比较稳健。最后，对模型中所有解释变量采用滞后一期的处理方式并重复主体检验之后，发现主要测试变量，包括 DIVER 和 COMP 及交互项 DIVER × COMP 的显著性不变或出现不同程度的上升，研究结果稳健。

第四章　消费者选择 NEVs 的影响因素实证研究

不同于日常消费品，汽车消费具有占用资金大、重复购买率低以及重复购买时间间隔长等特点，因而消费者往往在购买该产品时会考虑众多因素。本章通过对 NEVs 的消费者选型行为进行理论分析和现实访谈，借助问卷调研的方式搜集一手数据，以精确识别消费者选择 NEVs 的关键影响因素、行为特点以及选择机制，为后续消费者效用函数设定提供理论依据。

第一节　问题的提出

尽管政府从供需双侧对 NEVs 企业提供宽松的补贴政策来激活 NEVs 市场，但消费者的购买热情并不高（李国栋等，2019）。基于此，越来越多的研究指出要将重点聚焦于对消费者选择行为的剖析上，深刻认识消费者选择 NEVs 的内在规律。Carley（2013）、Hidrue 等（2011）以及 Hackbarth 和 Madlender（2013）指出，性别、年龄、职业背景、教育程度、收入、家庭结构、婚姻与否等是影响消费者购买NEVs的决定性因素。Patrick（2014）也指出，由于中年男人每年出行里程较长，且电动汽车的使用成本较低，他们更偏向于购买电动汽车。随后，越来越多的研究从人口特征角度来解释消费者如何选择NEVs，并逐渐得出具有高收入、高学历、高创新偏好、家庭人口多的年轻群体更青睐于购买NEVs。

随后，既有研究将研究重点拓展至政府补贴政策、NEVs产品特征以及环保意识等方面。在补贴政策方面，已有研究从政府补贴的类型、补贴环节、补贴额度以及政策联动等方面展开探讨（池仁勇等，2021；高伟和胡潇月，2020；李创等，2021）。Potoglou等（2007）指出，政府针对NEVs的价格补贴是诱发消费者选择NEVs的重要因素，因为只有在价格可接受的范围内，消费者才会去选择NEVs。孙晓华等（2019）指出，政府对配套设施的扶持能够增加消费者使用NEVs的便捷性，从而激发消费者购买NEVs。李创等（2021）基于河南洛阳消费者实地调研数据证实，政府的消费促进政策能够提升消费者的感知价值，进而提升消费者的购买意愿。

在产品特征方面，NEVs的行驶里程、价格成本、充电便捷性以及产品外观等因素被证实是影响消费者选择NEVs的重要因素（Jensen等，2013；Skippon和Garwood，2011）。李国栋等（2019）基于城市层面的NEVs车型销量数据指出，不同车型的NEVs的销量存在严重差异。Jensen等（2013）在研究中也证实，较低的行驶里程是导致消费者抵制购买NEVs的最重要因素。Skippon和Garwood（2011）指出，未来的国家补贴政策可以用来升级国内充电设备，以降低消费者使用NEVs的负面情绪。

尽管既有研究对消费者行为展开大量研究，但仍存在一些不足。其一，考虑到中国地域差异，不同地区NEVs消费者选择行为存在显著差异，因此有必要进一步将不同地区的消费者选择 NEVs 行为进行归纳和总结。其二，鲜有研究检验早期采纳者在购买 NEVs 时的技术门槛和心理收益影响早期采纳者购买意愿时的门槛效应（Zhang 等，2011；Kwon 等，2018）。

针对上述研究不足，本章首先通过对重庆地区消费者进行问卷调研来明确其因素。其次，对消费者的行为特点、选择机制以及门槛效应展开深入分析，以探究心理收益对 NEVs 早期采纳者购买意愿的影响机制。

第二节 研究设计

一 问卷设计

本章样本数据来源于课题组在 2020 年对重庆市 NEVs 早期采纳者购买意愿影响因素的问卷调查。选择重庆市作为研究区域的原因有两个，一是重庆市有长安汽车等一批 NEVs 龙头企业，在供应端的推动下，NEVs 产品相对丰富，消费市场发展相对较快，有利于测度不同消费者群体对于购买 NEVs 的态度；二是重庆市是仅次于北上广深等一线城市之外的直辖市，除了城市居民消费理念相对领先，也面临严重的交通拥堵压力，消费者对 NEVs 的接受度较高，这意味着该地区消费者中早期采纳者的密度更高，基于消费者购买意愿筛选有效问卷时，有效问卷的比例也就更高。

调查问卷的主体部分设计主要包括三个方面：其一，人口统计学基本信息，主要包括家庭住址、性别、年龄、婚姻状况、文化程度、收入状况、家庭人口、家庭小孩个数等具体信息；其二，调查受访者对 NEVs 的接受和了解程度，主要包括受访者和周围朋友的汽车和 NEVs 拥有情况、受访者对 NEVs 的了解和购买意愿等信息；其三，调查受访者在购买 NEVs 时考虑的各类因素，主要包括产品性能、心理因素、技术因素等几个类型的影响因素。该调查问卷采用 Likert 五点量表的方式评价受访者对于某个问题的态度，用"1"表示非常不同意，用"5"表示非常同意。

特别地，本问卷在第二部分直接向受访者提出"无论 NEVs 价格如何，你对 NEVs 总有最基本的技术要求"的问题，通过抽样调查的方式验证早期采纳者技术门槛的存在。

问卷收集采用两阶段的抽样方法，第一阶段为预调研阶段，选择重庆市 2 家规模较大的 4S 店，发放并收回预调研问卷 27 份。第二阶段为正式调研阶段，依据预调研的反馈问题对问卷内容加以修正，力求语言更加清晰易懂；在此基础上，采用纸质问卷调研的方式，随机对重庆市消费者发放问卷。为保证问卷的有效性，研究团队现场发放、现场回收，并就填写过程中的疑问及时给予解释和说明。

此外，由于本问卷的调查对象为早期采纳者，本问卷还在第二部分向受访者直接提出"你是否愿意购买 NEVs"的问题，若受访者选否，则剔除该问卷。正式调研阶段共收回纸质问卷 370 份，剔除无效问卷 42 份，剔除非早期采纳者问卷 107 份，最终有效问卷为 221 份，问卷有效率为 60%。

二 量表开发

本章借鉴前期研究成果，结合技术接受模型和计划行为理论的量表成果，从政府补贴、个体特征、产品特征、技术特征、外部环境以及购买意愿 6 个方面开发出 NEVs 购买意愿量表，如表

第四章 消费者选择 NEVs 的影响因素实证研究

4-1 所示。

表 4-1　　　　　　　　NEVS 购买意愿测量变量

变量	二级指标	测量项	题数
政府补贴	补贴额度	国家对新能源汽车的补贴很大	4
	补贴方式	新能源汽车的补贴方式很多	
	贷款速度	与传统汽车相比，办理新能源汽车贷款速度很快	
	优惠程度	与传统汽车相比，新能源汽车的优惠更多	
个体特征	环保意识	购买新能源汽车能很好地解决环境问题	3
	感知新颖性	与传统汽车相比，新能源汽车要更酷一些	
	体验度	与传统汽车相比，驾驶新能源汽车的体验要强很多	
产品特征	价格	相比于传统汽车，新能源汽车的价格要高	3
	行驶里程	当我准备购买新能源汽车时，会考虑最大行程里程	
	产品外观	当我准备购买新能源汽车时，会考虑它的外观	
技术特征	技术普及度	新能源汽车的普及能够推动汽车工业的发展	4
	充电技术	当我准备购买新能源汽车时，会考虑最大行程里程	
	电池寿命	当我准备购买新能源汽车时，会考虑电池寿命	
	技术成熟度	当我准备购买新能源汽车时，会考虑它的技术成熟度	
外部环境	同伴效应	您的亲朋好友购买新能源汽车的比例比较多	3
	配套设施	当我准备购买新能源汽车时，会考虑充电设施的便利性	
	售后服务	当我准备购买新能源汽车时，会考虑它的售后服务	
购买意愿	购买态度	我会考虑购买新能源汽车	3
		如果有机会，我愿意购买新能源汽车	
		如果周围的朋友购买了新能源汽车，我也会考虑购买	

本章采用结构方程模型（SEM）对消费者购买意愿展开研究，并应用 SPSS 和 Mplus 软件对数据进行实证检验，其原因是：其一，结构方程模型特别擅长处理以问卷数据为代表的潜变量模型；其二，Mplus 在分析 SEM 上具有独特优势，在国外权威期刊中应用十分普遍；其三，消费者购买 NEVs 的过程本质上反映了多种因素刻画的结果，而结构方程模型在反映多变量上具有独特优势。基于此，本章采取结构方程模型分析 NEVs 购买意愿。

第三节　影响因素实证结果分析

一　样本的描述性统计分析

从样本的分析情况来看（见表 4-2），男性占 30.0%，女性占 70.0%；25 岁及以下占 76.9%，26—30 岁占 10.0%，31—35 岁占 8.1%，36 岁及以上占 5.0%。进一步地，从婚姻状况来看，已婚占 14.5%，未婚占 85.5%；从教育背景来看，文化程度为高中及以下占 0.5%，专科占 77.4%，本科占 15.4%，硕士占 6.3%，博士占 0.5%；从收入来看，年收入少于 5 万元占 78.7%，5 万—15 万元占 6.3%，15 万—25 万元占 7.7%，25 万—35 万元占 5.0%，35 万元及以上占 2.3%。从小孩数量来看，没有小孩的家庭占 68.8%，有一个小孩占 23.1%，有两个小孩占 6.3%，有三个小孩占 1.8%。从家庭拥有驾照人数来看，没有驾照占 17.2%，有 1 个驾照占 38.9%，有 2 个驾照占 29.4%，有 3 个驾照占 11.8%，有 4 个及以上占 2.8%。

表 4-2　　　　　　　样本的描述性统计（N=221）

单位：人，%

性别及婚姻状况	人数	百分比	年龄	人数	百分比	年收入	人数	百分比	文化程度	人数	百分比
男	66	30.0	25岁及以下	170	76.9	5万元及以下	174	78.7	高中及以下	1	0.5
女	155	70.0	26—30岁	22	10.0	5万—15万元	14	6.3	专科	171	77.4
			31—35岁	18	8.1	15万—25万元	17	7.7	本科	34	15.4
已婚	32	14.5	36—45岁	11	5.0	25万—35万元	11	5.0	硕士	14	6.3
未婚	189	85.5	46岁及以上	0.0	0	35万元及以上	5	2.3	博士	1	0.5

注：因数据进行四舍五入处理，百分比相加可能不等于100%。

此外，从私家车拥有程度来看，有25.8%的受访者已经拥有私家车，74.2%的受访者目前还没有私家车。进一步地，仅有4名受访者拥有NEVs，占比为0.018%。同时，在当前消费者心中最为熟悉的NEVs品牌为比亚迪、特斯拉、吉利、蔚来、小鹏、理想等，这说明NEVs的接受度仍低于传统燃油车。

进一步对本章的主要变量进行描述性统计分析，主要考察的指标为极大值、极小值、均值以及标准差。如表4-3所示，政府补贴、个体特征、产品特征、技术特征、外部环境以及购买意愿的均值为3.32—3.99，处于中等偏上水平。其中，技术特征变量的平均值最高，个体特征的平均值最低。但总体而言，相差不大。

表4-3　　　　　核心变量的描述性统计分析（N=221）

变量	极小值	极大值	均值	标准差	方差
政府补贴	1.500	5.000	3.434	0.590	0.349
个体特征	2.000	5.000	3.333	0.567	0.321
产品特征	1.333	5.000	3.836	0.536	0.287
技术特征	1.500	5.000	3.994	0.640	0.410
外部环境	2.000	5.000	3.557	0.555	0.308
购买意愿	1.000	5.000	3.406	0.650	0.423

二　数据的正态性检验

由于Mplus软件默认的处理方法为极大似然估计（maximum likelihood，ML）法，该方法要求数据服从正态分布，为保证后续数据分析的检验过程更加客观和稳健，有必要对数据的正态性进行检验。SPSS分析结果显示（见表4-4），无论是针对大样本分布的K-S检验，还是针对小样本分布的S-W检验，其P值均为0，即显著性低于0.01，拒绝数据服从正态分布的假设，故数据分布呈现非正态分布。考虑到这一数据特征，本章采用MLM展开进一步分析。

表4-4　　　　　数据的正态性检验（N=221）

题目	偏度（SK）	峰度（KG）	KS P值	SW P值	题目	偏度（SK）	峰度（KG）	KS P值	SW P值
ZFBT01	-0.192	0.454	0	0	JSTZ01	-0.605	0.553	0	0
ZFBT02	-0.073	0.728	0	0	JSTZ02	-0.520	0.294	0	0
ZFBT03	0.325	0.575	0	0	JSTZ03	-0.635	0.113	0	0
ZFBT04	0.059	0.604	0	0	JSTZ04	-0.717	-0.038	0	0

续表

题目	偏度(SK)	峰度(KG)	KS P值	SW P值	题目	偏度(SK)	峰度(KG)	KS P值	SW P值
GTTZ01	-0.290	0.346	0	0	CPTZ01	-0.369	0.243	0	0
GTTZ02	0.153	0.039	0	0	CPTZ02	-0.380	-0.051	0	0
GTTZ03	0.187	0.303	0	0	CPTZ03	-0.390	0.068	0	0
WBHJ01	-0.129	0.671	0	0	GMYY01	-0.376	0.670	0	0
WBHJ02	-0.749	0.365	0	0	GMYY02	-0.435	0.503	0	0
WBHJ03	-0.301	-1.030	0	0	GMYY03	-0.129	0.326	0	0

三 信度和效度检验

在检验假设模型之前，需要对数据进行信度和效度检验，以保证数据的科学性。本章采用Cronbach α 系数这一指标进行衡量，数据分析结果显示：政府补贴、个体特征、技术特征、购买意愿的 α 系数分别为0.847、0.686、0.822、0.711，超过了0.6的标准值；然而产品特征和外部环境的 α 系数却为0.448和0.465，低于0.6的标准值，说明以上两个变量信度不高，不适合进行下一步因子分析。故在后续的实证模型中将不考虑产品特征和外部环境两个变量。

此外，KMO值测度和Barlett's检验显示，政府补贴的KMO值为0.847，个体特征的KMO值为0.641，技术特征的KMO值为0.768，购买意愿的KMO值为0.625，均高于0.6的门槛标准。然而，产品特征和外部环境的KMO值却只有0.512和0.500，低于建议门槛值，这与Cronbach α 系数所得出的系数一致，表明产品特征和技术特征不适合做因子分析。故后续的结构方程模型中将不再考虑产品特征和外部环境两个变量。

表 4-5　　　　　　　　　变量的信度检验结果分析

变量	Cronbachα	KMO	Bartlett's 检验			解释程度
			χ^2 值	df	Sig.	
政府补贴	0.847	0.784	369.530	6	0.000	68.523
个体特征	0.686	0.641	114.747	3	0.000	61.602
产品特征	0.448	0.512	54.396	3	0.000	49.719
技术特征	0.822	0.768	515.775	6	0.000	68.119
外部环境	0.465	0.500	114.655	3	0.000	54.670
购买意愿	0.711	0.625	146.415	3	0.000	63.761

本章进一步检验了变量的标准化因子载荷（FL）、组成信度（CR）、题目信度（SMC）和修正问项总相关系数（CITC）四个指标，以综合评估政府补贴、个体特征、技术特征和购买意愿四个变量的信效度。表4-5显示，删除因子载荷较低的题项，最终形成了新的量表（见表4-6）。首先，4个变量的测量模型均得到收敛，且因子载荷均大于0.6的门槛值。其次，所有题项的CITC值也都大于0.4的门槛值水平，且SMC值也均大于0.36的标准值，这说明用于结构方程模型的4个变量具有较好的信度。最后，4个变量的AVE值也大于0.5的理想值，说明4个变量的效度较好。

表 4-6　　　　　　　　　信度和收敛效度检验结果

核心构念	测量问项	CITC	FL	SMC	CR	AVE
政府补贴 $\chi^2/df=1$, $CFI=1.000$, $TLI=1.000$, $RMSEA=0.000$, $SRMR=0.000$	ZFBTC8	0.603	0.680	0.462	0.807	0.585
	ZFBTC9	0.643	0.742	0.551		
	ZFBTC10	0.706	0.861	0.741		
个体特征 $\chi^2/df=1$, $CFI=1.000$, $TLI=1.000$, $RMSEA=0.000$, $SRMR=0.000$	GTYSC3	0.527	0.866	0.750	0.712	0.560
	GTYSC4	0.527	0.609	0.371		

续表

核心构念	测量问项	CITC	FL	SMC	CR	AVE
技术特征 $\chi^2/df=1$, $CFI=1.000$, $TLI=1.000$, $RMSEA=0.000$, $SRMR=0.000$	JSTZC12	0.822	0.866	0.750	0.922	0.797
	JSTZC14	0.874	0.944	0.891		
	TSTZC15	0.823	0.866	0.750		
购买意愿 $\chi^2/df=1$, $CFI=1.000$, $TLI=1.000$, $RMSEA=0.000$, $SRMR=0.000$	GMYYB5	0.625	0.861	0.741	0.775	0.634
	GMYYB8	0.625	0.726	0.527		

综合以上检验结果，修正后的政府补贴、个体特征、技术特征、购买意愿4个核心变量可以用于后续的结构方程模型检验，本章将重点分析其实证结果。

四 相关性分析

在进行正式回归之前，研究对所选取的变量进行相关性分析，除了产品特征与购买意愿之间不存在显著的相关关系，其余变量之间的相关关系均达到显著水平，这说明变量间的相关性较高（见表4-7）。

表4-7　　　　　　　　变量的相关性分析

	1	2	3	4	5	6
政府补贴	1					
个体特征	0.511**	1				
产品特征	0.143*	0.171*	1			
技术特征	0.344**	0.303**	0.623**	1		
外部环境	0.234**	0.247**	0.491**	0.717**	1	
购买意愿	0.410**	0.434**	0.092	0.199**	0.253**	1

注：**、*分别表示在5%、10%的显著性水平下显著。

五 假设检验

1. 政府补贴与 NEVs 购买意愿

如图 4-1 所示,在政府补贴与 NEVs 购买意愿的结构方程模型中,路径政府补贴→NEVs 购买意愿的标准化路径系数为 0.267 ($p < 0.001$),表明政府补贴显著正向影响 NEVs 购买意愿,即政府补贴水平越高,消费者购买 NEVs 的意愿越强。进一步,结构模型的模型拟合也显示:$\chi^2/df = 1.111$,$CFI = 0.999$,$TLI = 0.997$,$RMSEA = 0.022$,$SRMR = 0.021$,所有模型的拟合度指标都高于建议的标准值,表明该结构方程模型的模型拟合度水平较好。

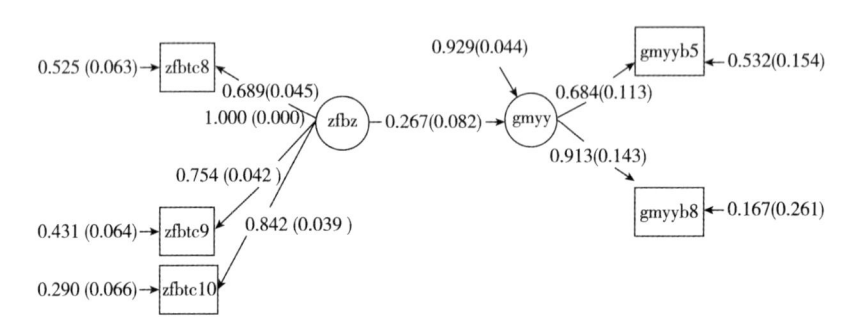

图 4-1 政府补贴与 NEVs 购买意愿的路径模型

2. 个体特征对 NEVs 购买意愿的检验结果

如图 4-2 所示,在个体特征与 NEVs 购买意愿的结构方程模型中,路径个体特征→NEVs 购买意愿的标准化路径系数为 0.267 ($p < 0.001$),表明个体特征显著正向影响 NEVs 购买意愿,即个体心理因素水平越高,消费者购买 NEVs 的意愿越强。进一步,结构模型的模型拟合也显示:($2/df = 0.709$,$CFI = 1.000$,$TLI = 1.000$,$RMSEA = 0.000$,$SRMR = 0.008$),所有模型的拟合度指标都高于建议的标准

值，表明该结构方程模型的模型拟合度水平较好。

图 4-2　个体因素与 NEVs 购买意愿的路径模型

3. 技术特征对 NEVs 购买意愿的检验结果

如图 4-3 所示，在技术特征与 NEVs 购买意愿的回归模型中，技术特征→购买意愿的标准化路径系数为 0.129（$p<0.1$），表明技术特征显著正向影响 NEVs 购买意愿，即技术特征因素水平越高，消费者购买 NEVs 的意愿越强。进一步，结构模型的模型拟合也显示：$\chi^2/df=1$，$CFI=1.000$，$TLI=1.000$，$RMSEA=0.000$，$SRMR=0.000$，所有模型的拟合度指标都高于建议的标准值，表明该结构方程模型的模型拟合度水平较好。

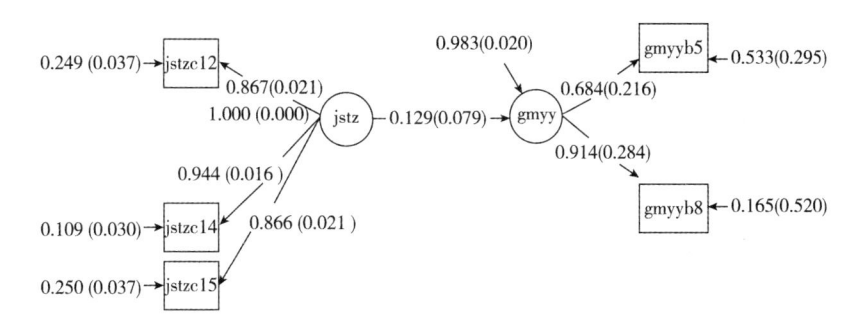

图 4-3　技术特征与 NEVs 购买意愿的路径模型

综上所述，个体特征、技术特征以及政府补贴被证实是影响 NEVs 购买意愿的重要因素。本章将进一步探讨技术特征和心理特征的门槛效应。

第四节 门槛效应实证结果分析

一 模型设定与变量选取

为利用截面数据和虚拟变量实现心理收益对早期采纳者购买意愿的门槛效应的检验，需借助 Hansen 提出的门槛回归模型（Hansen，2000）。该模型的一般形式可表示为：

$$W_i = \alpha_0 + \alpha_1 Q_i I(p_i \leq p^*) + \alpha_2 Q_i I(p_i > p^*) + \sum \alpha_j X_i + \varepsilon_i \quad (4-1)$$

其中，W_i 为因变量购买意愿，Q_i 和 X_i 分别表示自变量心理收益和控制变量，p_i 和 p^* 分别表示门槛变量和门槛值，即产品性能的水平，ε_i 表示随机扰动项，$I(\cdot)$ 表示线性函数，当产品性能 p_i 与门槛值 p^* 的关系满足括号内的条件时，$I(\cdot)$ 的取值为1，否则，$I(\cdot)$ 的取值为0。

1. 因变量（W）

早期采纳者对 NEVs 的购买意愿（willingness-to-buy）是本章的被解释变量。为衡量 NEVs 早期采纳者的购买意愿，主要借鉴李创等（2020）、Venkatesh 等（2003）的研究设计和量表，结合早期采纳者实际特征进行问题设计，具体测量项见表4-8。

2. 门槛变量（p）

NEVs 产品性能（product performance）是本章的门槛变量。为衡量 NEVs 的性能水平，结合当前早期采纳者的关注重点，借鉴 Chasri 等（2019）和 Wang 等（2017）的指标问题，具体测量项见

表4-8。

3. 核心解释变量（Q）

购买NEVs的心理收益（psychological benefits）和政府补贴（government subsidy）是本章的核心解释变量。为衡量早期采纳者购买NEVs的心理收益，主要从同伴效应、环保意识和尝鲜心理3个维度进行考虑（见表4-8）。为衡量NEVs的购置补贴，主要参考Jamal和Sharifuddin、Kim等的题项设计，具体包括"与传统汽车相比，NEVs的优惠更多"等（见表4-8）。

表4-8　　　　　　　　各变量对应的测量项

变量	二级指标	测量项	题数
性能特征	行驶里程	你对当前NEVs的最大行程里程满意吗？	3
	充电时长	你对当前NEVs的充电时间满意吗？	
	电池寿命	你对当前NEVs的电池寿命满意吗？	
心理收益	同伴效应	如果周围人购买了NEVs，我也会考虑购买	3
	环保意识	购买NEVs能很好地解决环境问题	
	尝鲜心理	与传统汽车相比，NEVs要更酷一些	
心理收益	补贴力度	国家对NEVs的补贴很大	3
	补贴方式	NEVs的补贴方式很多	
	优惠程度	与传统汽车相比，NEVs的优惠更多	
购买意愿	购买态度	我会考虑购买NEVs	3
		如果有机会，我愿意购买NEVs	
		我计划在未来一段时间内购买NEVs	

二　实证结果

在样本数据的信度、效度、正态性和相关性满足进一步门槛回归的前提下，通过逐步回归检验心理收益和政府补贴对于早期采纳者购买意愿的门槛效应。为避免主要变量之间的异方差性影响回归分析的有偏估计，以下在回归分析前对主要变量取对数后再进行分析。

1. 心理收益对早期采纳者购买意愿的门槛效应检验

第一步心理收益对早期采纳者购买意愿的门槛回归结果显示：Bootstrap 的概率 P 值为 0.0032，小于 0.01 的显著性水平，即检验结果在 1% 的统计水平上拒绝没有门槛的原假设，心理收益对早期采纳者购买意愿的影响存在门槛效应，对应产品性能的门槛值为 2.75（见表 4 - 9）。

同时，异方差 P 值检验为 0.8793，大于 0.1 的显著性水平，显示模型存在异方差问题，应在 thresholdreg 指令中增加 h（1）参数。基于门槛值 2.75 和 h（1）参数设置检验产品性能达到门槛值前后心理收益对早期采纳者购买意愿的影响系数，结果显示：产品性能达到门槛值之前，心理收益对购买意愿的影响系数为 0.2535；达到门槛值之后，心理收益对购买意愿的影响系数为 0.3429（见表 4 - 9）。

表 4 - 9　　　　　心理收益影响购买意愿的门槛效应

指标	系数		标准误
心理收益	$q \leqslant 2.75$	0.2535	0.0719
	$q > 2.75$	0.3429	0.1995
截距	$q \leqslant 2.75$	1.4751	0.7398
	$q > 2.75$	2.1732	0.2737
Bootstrap P-Value		0.0032	
残差		0.2744	
异方差 P-Value		0.8793	
第一门槛值		2.75	

门槛效应的检验结果表明：心理收益对于早期采纳者的购买意

愿有门槛效应,当产品性能达到门槛之前,心理收益对早期采纳者购买意愿存在正向的影响,心理收益每增长1%,早期采纳者的购买意愿将增长25%;当产品性能达到门槛水平之后,心理收益对早期采纳者购买意愿仍表现为正向影响,心理收益每增长1%,早期采纳者的购买意愿将增长34%。对比门槛前后心理收益对购买意愿的影响可以发现,产品性能达到早期采纳者门槛效应以后,其对早期采纳者购买意愿的影响显著增加。

2. 政府补贴对早期采纳者购买意愿的门槛效应检验

第二步政府补贴对早期采纳者购买意愿的门槛回归结果显示:Bootstrap的概率P值为0.0002,小于0.01的显著性水平,即检验结果在1%的统计水平上拒绝没有门槛的原假设,政府补贴对早期采纳者购买意愿的影响存在门槛效应,对应的产品性能门槛值为3(见表4-10)。

表4-10   政府补贴影响购买意愿的门槛效应

指标	系数		标准误
政府补贴	$q \leq 3$	-0.0252	0.0962
	$q > 3$	0.1096	0.0631
截距	$q \leq 3$	2.7919	0.2043
	$q > 3$	3.3991	0.1244
Bootstrap P-Value	0.0002		
残差	0.3038		
异方差 P-Value	0.9834		
第一门槛值	3		

同时,异方差P值检验为0.9834,大于0.1的显著性水平,显示模型存在异方差问题,应在thresholdreg指令中增加h(1)参数。基于门槛值3和h(1)参数设置检验产品性能达到门槛值前后政

府补贴对早期采纳者购买意愿的影响系数,结果显示:产品性能达到门槛值之前,政府补贴对购买意愿的影响系数为-0.0252;达到门槛值之后,政府补贴对购买意愿的影响系数为0.1096(见表4-10)。

门槛效应的检验结果表明:政府补贴对于早期采纳者的购买意愿有门槛效应,当产品性能达到门槛之前,政府补贴对早期采纳者购买意愿存在负向的影响,心理收益每增长1%,早期采纳者的购买意愿将降低3%;当产品性能达到门槛水平之后,政府补贴对早期采纳者购买意愿表现为正向影响,心理收益每增长1%,早期采纳者的购买意愿将增长11%;对比门槛前后政府补贴对购买意愿的影响可以发现,产品性能达到早期采纳者门槛效应以后,政府对早期采纳者购买意愿的影响由负转正。这可能意味着在NEVs达到早期采纳者最基本的技术要求之前,政府补贴力度越大,NEVs越优惠,早期采纳者对于"便宜没好货"的感受越强烈。因此,只有当NEVs达到了早期采纳者的最基本要求时,提高政府补贴才能提高早期采纳者对于NEVs的积极感知。

3. 心理收益和政府补贴影响购买意愿的门槛效应检验

第三步心理收益和政府补贴对早期采纳者购买意愿影响的回归结果显示:Bootstrap的概率P值为0.0144,小于0.05的显著性水平,即检验结果在5%的统计水平上拒绝没有门槛的原假设,心理收益和政府补贴对早期采纳者购买意愿的影响存在门槛效应,对应的产品性能门槛值为2.75(见表4-11)。

同时,异方差P值检验为0.6597,大于0.1的显著性水平,显示模型存在异方差问题,应在thresholdreg指令中增加h(1)参数。基于门槛值2.75和h(1)参数设置检验产品性能达到门槛值前后心理收益和政府补贴对早期采纳者购买意愿的影响系数,结果显示:产品性能达到门槛值之前,心理收益对购买意愿的影响系数为

0.2972；心理收益对购买意愿的影响系数为0.3465；政府补贴对购买意愿的影响系数为-0.0674，达到门槛值之后，政府补贴对购买意愿的影响系数为0.1062（见表4-11）。

表4-11　心理收益和政府补贴影响购买意愿的门槛效应

指标		系数	标准误
心理收益	$q \leqslant 2.75$	0.2972	0.3337
	$q > 2.75$	0.3465	0.0920
政府补贴	$q \leqslant 2.75$	-0.0674	0.3051
	$q > 2.75$	0.1062	0.0652
截距	$q \leqslant 2.75$	1.6194	0.4359
	$q > 2.75$	1.7542	1.7134
Bootstrap P-Value		0.0144	
残差		0.2700	
异方差 P-Value		0.6597	
第一门槛值		2.75	

心理收益和政府补贴同时回归的门槛效应检验结果表明：心理收益对于早期采纳者的购买意愿有门槛效应，当产品性能达到门槛之前，心理收益对早期采纳者购买意愿存在正向的影响，心理收益每增长1%，早期采纳者的购买意愿将增长30%；当产品性能达到门槛水平之后，心理收益对早期采纳者购买意愿仍表现为正向影响，心理收益每增长1%，早期采纳者的购买意愿将增长35%。对比门槛前后心理收益对购买意愿的影响可以发现，产品性能达到早期采纳者门槛效应以后，其对早期采纳者购买意愿的影响显著增加。对比同时回归与单独回归的结果可以发现，在产品性能达到门槛值前后的影响系数相对接近，门槛回归结果具有较高的稳健性，支持心理收益对早期采纳者购买意愿有门槛效应的解释。

此外，政府补贴对早期采纳者的购买意愿也有门槛效应，当产品性能达到门槛值之前，政府补贴对早期采纳者购买意愿存在负向的影响，心理收益每增长1%，早期采纳者的购买意愿将降低7%；当产品性能达到门槛值之后，政府补贴对早期采纳者购买意愿表现为正向影响，心理收益每增长1%，早期采纳者的购买意愿将增长11%。对比达到门槛值前后政府补贴对购买意愿的影响可以发现，产品性能达到早期采纳者门槛效应以后，政府对早期采纳者购买意愿的影响由负转正。这可能意味着在NEVs达到早期采纳者最基本的技术要求之前，政府补贴力度越大，NEVs越优惠，早期采纳者对于"便宜没好货"的感受越强烈。因此，只有当NEVs达到了早期采纳者的最基本要求，提高政府补贴才能提高早期采纳者对于NEVs的积极感知。对比同时回归与单独回归的结果可以发现，在产品性能门槛前后的影响系数相对接近，门槛回归结果具有较高的稳健性，支持政府补贴对早期采纳者购买意愿有门槛效应的解释。

第二篇

机制设计篇

第五章　基于 TALC 和顾客选择的 NEVs 购置补贴策略研究

考虑 NEVs 处于 TALC（Technology，Adoption LifeCycle，TALC）的第二阶段并结合 NEVs 顾客在该阶段的心理特征、偏好和选择行为，本章构建了购置补贴下 NEVs 企业制造商研发投资的三级规划模型。通过理论模型分析和数值模拟，讨论了 NEVs 企业制造商的研发投资策略、购置补贴政策效果以及顾客的购买决策。进一步，本章通过分析 NEVs 企业基于利润最大化、销量最大化目标下政府购置补贴效果及消费者对 NEVs 的选择和偏好，为 NEVs 制造商调整其研发投入策略提供理论性的指导。

第一节　问题的提出

基于政府补贴政策下的企业研发投资策略一直是研发投资领域的研究热点。Wang 和 Chen（2015）通过研究政府和供应商补贴条件下制造商研发投入政策，提出了技术溢出效应的多阶段博弈模型，比较了两种补贴对制造商研发投入政策的影响。Sheng 和 Zhang（2015）在其研究中假设不同企业的产品具有可替代性，且产品成本不同，两个企业分别有成本优势和成本劣势，分析了两种政府补贴对企业研发投资政策选择的影响。Yang 和 Nie（2015）在单个小企业和单个大企业进行古诺竞争的假设下通过建立一个三阶段博弈模型，研究了不对称双头垄断下不同研发补贴策略的有效性问题。但是既有研究的研发投资对象都不是 NEVs。

随着 NEVs 的发展和政府对其重视程度的提高，政府补贴下的制造商研发投入政策研究在研发投入方面的文献中也越来越多（Xiang 等，2018；Shao 等，2018）。Wang 等（2015）重点讨论了如何通过刺激汽车制造商提高先进技术来制造 NEVs 的问题，并基于此提出了一个演化博弈模型来探究政府与汽车制造商之间的相互作用。Zuo 等（2019）针对政府研发补贴缺乏有效决策机制的问题，提出了一种新的决策模型，帮助决策者选择合适的研发补贴对象，避免了公共资源浪费的问题。

虽然中国政府实施众多的补贴激励政策，但 NEVs 产业并没有实现预期的目标，其市场活力仍然没有得到有效激发。为此，大量研究从多方视角给予解释证明，例如，Liu 等（2017）建立了一个汽车制造商和政府之间的演化博弈模型，分析政府补贴和碳税政策对制造商研发决策的影响；Wang 等（2015）实证分析了中国天然气汽车研发技术发展的促成因素和障碍。值得注意的是，以上研究忽略了 NEVs 的整个生命周期有 4 个阶段这一重要因素，且每个阶段的消费者的特征和对 NEVs 的诉求是存在显著差异的。因此，考虑将消费者的选择特征纳入政府补贴和 NEVs 企业研发投资决策是研究 NEVs 相关议题的重要部分，也是有效促进 NEVs 技术和产业发展的关键途径。

在 NEVs 消费者选择偏好方面，既有研究借助离散选择实验已经证实汽车的性能特征（Ewing 和 Sarigollu，2000）、环保意识（Hackbarth 和 Madlener，2013)、替代燃料类型和技术选择偏好（He，2012；Shin 等，2015）、销售税减免（Gallagher 和 Muehlegger，2011；Liao 等，2017；Li 等，2017）等重要因素，但以上研究均处于西方发达国家情境，缺乏对中国市场的探讨。Helveston 等（2015）也指出，尽管各国出台的 NEVs 补贴政策具有高度的相似性，但美国和中国的消费者对不同类型的 NEVs 有着不同的偏好。Zhu 等（2019）在其探究中也发现，中国的受访者在购买电动摩托车时，更多关注的是实际成本，对行驶速度和负荷量关注较少，这意味着中国的 NEVs 消费者可能具有独特的选择偏好。因此，需要进一步甄别这些独特的选择偏好。另外，一些研究发现了影响消费者对 NEVs 偏好的因素，但没有研究 NEVs 制造商如何基于消费者选择行为进行研发投资，使其产品的技术和性能更好地满足消费者的偏好和选择。

基于上述研究问题，本章考虑 NEVs 处于 TALC 的第二阶段并结合 NEVs 顾客在该阶段的心理特征、偏好和选择行为，构建了购置补贴下 NEVs 企业制造商研发投资的三级规划模型，分析了 NEVs 企业基于利润最大化、销量最大化目标下政府购置补贴效果及消费者对 NEVs 的选择和偏好，全面了解了 NEVs 制造商企业的研发投资决策。

第二节 研究设计

一 问题描述

根据 TALC（Moore，1999），NEVs 处于 TALC 周期的第二部分，处于这一阶段的顾客群体被称为早期采用者，他们具有独特的心理特征和人口统计学特征，如图 5-1 所示。早期采用者是那些很容易想象、理解和欣赏 NEVs 的好处并将这些潜在的好处与他们关心的其他问题联系起来的人。一旦发现了一个强有力的匹配，早期采用者都愿意将他们的购买决定建立在其基础之上。因为早期采用者在做出购买决定时，并不依赖已确立的参考，而是更倾向于依靠自己的直觉和远见，所以他们是开拓 NEVs 市场的核心。

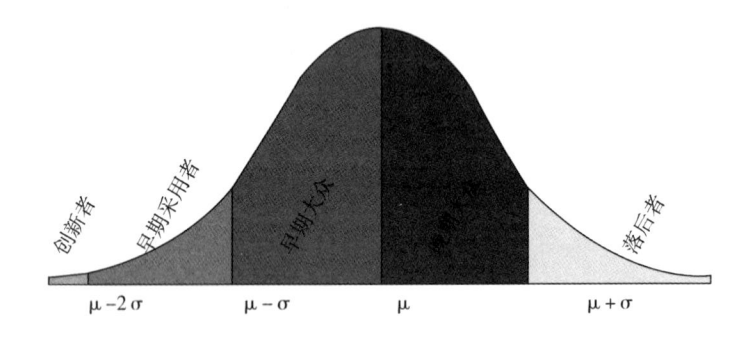

图 5-1　NEVs 采用生命周期与客户分组

为了更好地推动 NEVs 产业的发展，针对当前 NEVs 所处的 TALC 第二阶段，政府对消费者进行一系列的购置补贴，以此降低消费者购买 NEVs 的实际支出并激发消费者的购买意愿和需求，以提升 NEVs 的市场销量。同时，较高水平的销售收入能够激励汽车企业增加对 NEVs 研发投入的意愿。与此同时，汽车企业为了提升 NEVs 的销量或利润，也需要根据消费者对 NEVs 的偏好和选择行为，结合政府给消费者的补贴政策，制定研发投资策略。

因此，政府、NEVs 企业和消费者按照如下的决策顺序展开决策。首先，当前 NEVs 处于技术发展初期阶段，政府根据消费者的特征及其对 NEVs 的偏好和选择以及该阶段 NEVs 企业的研发能力和 NEVs 的技术水平，定出给予消费者购买 NEVs 的购置补贴政策。其次，NEVs 制造商根据自身的研发水平、技术水平、政府补贴额度以及消费者对 NEVs 技术的偏好和选择行为，制定出研发投资策略。最后,根据NEVs技术水平、政府补贴额度和当前NEVs销售价格,消费者制定购买决策。

本章主要研究政府和企业如何基于NEVs采用生命周期和消费者选择行为,分别制定给予消费者的补贴政策和研发投资策略。

二 模型建立

NEVs在某市场的总规模,即潜在总需求为D,且处在TALC的第二阶段,即需求概率密度函数$f(t)$服从(μ, σ^2)的正态分布的$t \in [\mu-2\sigma, \mu-\sigma]$阶段。在该阶段,消费者基于购买NEVs所获净效用$U$制定购买决策,包括自身对NEVs的性能和技术参数$T$的偏好,对NEVs价格$P$的敏感程度$\beta$以及购买NEVs的支出等。

为了激励NEVs企业增大对NEVs技术的研发投入并激励更多的消费者购买NEVs,从而提高NEVs的销量,推动NEVs的发展,针对该阶段消费者的特征和NEVs的技术水平,政府以NEVs销量Q最大化为目标给予消费者购置补贴。补贴标准为每辆NEVs补贴s,由于资金限制,政府给予消费者的补贴总额上限为$\bar{S}$。

NEVs企业以价格P向市场销售NEVs。其单位生产成本为C,由于单位生产成本为固定常数,对本章分析结果不产生任何影响,只是增加了公式和模型的复杂度,因此,本章将其简化为0。考虑到NEVs技术水平是影响该阶段消费者购买决策的核心因素,企业需要制定合理的NEVs技术研发投资决策,从而提升NEVs的销量和企业自身的利润。由于政府在企业制定研发投资决策前已经制定了补贴政策,企业会根据政府的补贴政策,结合其对该阶段消费者特征的了解,制定其研发投资决策以及相应的NEVs技术水平。由于NEVs处在TALC的第二阶段,已经达到一定的技术水平T_0,企

业的研发投入将在 T_0 的基础上提升 NEVs 的技术水平 T，即 $T = T_0 + \Delta T (I)$，其中，$\Delta T (I)$ 为企业研发投资 I 带来的 NEVs 技术水平增量，$\Delta T (I)$ 满足 $\Delta T (0) = 0$，$\Delta T (\infty) = \overline{T}$，$\Delta T' (I) > 0$，$\Delta T'' (I) < 0$，其中，$\overline{T}$ 为固定常数，是企业研发投入能提升的 NEVs 技术水平增量上限，$\Delta T' (I) > 0$ 表示企业研发投入始终能提升 NEVs 技术水平，$\Delta T'' (I) < 0$ 表示企业研发投入的边际效用递减。

企业在 NEVs 的 TALC 第二阶段的主要任务是开拓第三阶段和第四阶段的更大市场，因此，企业的决策目标不会仅仅是利润最大化。一般而言，企业在这个阶段的目标是研发投资资金约束下的销量最大化，或满足一定销量约束下的利润最大化。

消费者在面对企业销售的 NEVs 和政府提供的补贴时，需要做出购买决策。其决策标准是最大化净效用，且使净效用非负。消费者的净效用 $U = \theta T - \beta (P - s)$，其中，$\beta$ 为消费者对价格的敏感程度；θ 为消费者对 NEVs 性能和技术水平的偏好。每个消费者对 NEVs 性能和技术水平的偏好各不相同，且服从 $[a, b]$ 的均匀分布，其中，$b > a \geqslant 0$。只有当消费者在购买 NEVs 过程中所获得的净效用为非负时，NEVs 的潜在需求才能转化为实际需求（以下简称"实际需求率"）。

命 NEVs 实际需求率为 ρ，则 NEVs 的销量为：

$$Q = \int_{\mu-2\sigma}^{\mu-\sigma} \rho D f (t) \, dt \quad (5-1)$$

企业利润为：

$$\pi = \int_{\mu-2\sigma}^{\mu-\sigma} P \rho D f (t) \, dt - I \quad (5-2)$$

由此可得，政府面临如下的规划问题：

$$\max_s Q \quad (5-3)$$

$$\text{s.t.} \quad sQ \leq \bar{S} \qquad (5-4)$$

$$s \geq 0 \qquad (5-5)$$

$$s < P \qquad (5-6)$$

其中，式（5-3）为政府决策目标，即通过对给予消费者每辆 NEVs 的购置补贴 s 的制定，最大化 NEVs 的销量；式（5-4）、式（5-5）和式（5-6）为规划约束条件，分别为补贴总额上限约束、补贴非负约束和单位补贴低于 NEVs 售价的约束。

当企业决策目标为研发投资资金约束下的销量最大化时，企业面临如下的规划问题：

$$\max_{I} Q \qquad (5-7)$$

$$\text{s.t.} \quad I \leq \tilde{I} \qquad (5-8)$$

$$I \geq 0 \qquad (5-9)$$

其中，式（5-7）为企业决策目标，即通过 NEVs 技术研发投资额的制定，最大化 NEVs 销量；式（5-8）为研发投资资金约束，$\tilde{I}$ 为投资上限；式（5-9）为投资额非负约束。

当企业决策目标为满足一定销量下的利润最大化时，企业面临如下的规划问题：

$$\max_{I} \pi \qquad (5-10)$$

$$\text{s.t.} \quad Q \geq \tilde{Q} \qquad (5-11)$$

$$I \geq 0 \qquad (5-12)$$

其中，式（5-10）为企业决策目标，即通过 NEVs 技术研发投资额的制定，最大化企业利润；式（5-11）和式（5-12）为规划约束条件，分别为 NEVs 销量下限约束和投资额非负约束。显然，使企业销量下限得以约束的研发投资额必然不超过企业的资金约束，否则，该规划无解。换言之，企业决策失误。

消费者面临如下的决策问题：

$$\max_{\text{buy or not}} U \qquad (5-13)$$

$$\text{s. t. } U \geqslant 0 \qquad (5-14)$$

其中，式（5-13）为消费者决策目标，即通过 NEVs 购买决策的制定，最大化自身净效用；式（5-14）为消费者净效用非负约束。

第三节　模型分析

本节使用逆向归纳法推导 NEVs 研发投资过程中的政府、企业和消费者决策。首先，当消费者在面对企业销售的 NEVs 和政府提供的补贴政策时，根据其效用函数制定购买决策。则可得命题 5.1 如下。

命题 5.1 企业应通过技术研发投资使其 NEVs 的技术水平增量满足 $\frac{\beta(P-s)}{b} - T_0 \leqslant \Delta T \leqslant \frac{\beta(P-s)}{a} - T_0$，即当 NEVs 技术水平满足 $\frac{\beta(P-s)}{b} \leqslant T \leqslant \frac{\beta(P-s)}{a}$，实际需求率 $\rho = \frac{b(T_0 + \Delta T) - \beta(P-s)}{(b-a)(T_0 + \Delta T)}$，且 $\Delta T = \frac{\beta(P-s)}{a} - T_0$ 时，实际需求率 $\rho = 1$。

证明：由消费者购买决策标准可知，只有当消费者购买 NEVs 后所获净效用非负时，他们才可能发生购买行为。由消费者效用 $U = \theta T - \beta(P-s)$ 可知，当 $bT - \beta(P-s) = 0$，即 $\Delta T = \frac{\beta(P-s)}{b} - T_0$ 时，对 NEVs 技术水平偏好为 b 的消费者会购买 NEVs；当 $aT - \beta(P-s) = 0$，即 $\Delta T = \frac{\beta(P-s)}{a} - T_0$ 时，对 NEVs 技术水平偏好为 a 的消费者会购买 NEVs。由于消费者对 NEVs 性能和技术水平的偏好

$\theta \in [a, b]$,因此,$\frac{\beta(P-s)}{b} - T_0 \leq \Delta T \leq \frac{\beta(P-s)}{a} - T_0$。

同时,由 $\theta T - \beta(P-s) \geq 0$ 可知,$\theta \geq \frac{\beta(P-s)}{T_0 + \Delta T}$。求 $\rho = \int_{\frac{\beta(P-s)}{T_0+\Delta T}}^{b} \frac{1}{b-a} d\theta$ 可得:

$$\rho = \frac{b(T_0 + \Delta T) - \beta(P-s)}{(b-a)(T_0 + \Delta T)} \quad (5-15)$$

当 $\Delta T = \frac{\beta(P-s)}{a} - T_0$ 时,$a = \frac{\beta(P-s)}{T_0 + \Delta T}$,$\rho = \int_{\frac{\beta(P-s)}{T_0+\Delta T}}^{b} \frac{1}{b-a} d\theta = \int_{a}^{b} \frac{1}{b-a} d\theta = 1$。

证毕。

命题 5.1 表明,NEVs 企业需要将 NEVs 的技术水平提高到一定程度,即当 $T \geq \frac{\beta(P-s)}{b}$ 时,消费者才会购买 NEVs。否则,即使是对 NEVs 性能和技术水平偏好最高的消费者也不会购买 NEVs。但是,NEVs 企业只需要将 NEVs 的技术水平提高到 $T = \frac{\beta(P-s)}{a}$,即使 NEVs 性能和技术水平偏好最低的消费者也会购买 NEVs,换言之,所有人都会购买 NEVs。此时,若继续投资提高 NEVs 水平也不能增加销量和销售收入,只会增加企业成本,降低企业利润。

命题 5.2 NEVs 实际需求率 ρ 取决于 NEVs 的技术水平。换言之,消费者购买 NEVs 会随着 NEVs 技术水平偏好的上限 b 和下限 a 以及 NEVs 初始技术水平 T_0 的增大而增大,随着消费者对 NEVs 价格的敏感程度 β 的增大而减少。

证明:分别对 NEVs 实际需求率 ρ 求消费者对 NEVs 技术水平偏好的上限 b 和下限 a、NEVs 初始技术水平 T_0 以及消费者对 NEVs 价格的

敏感程度 β 的一阶偏导数，可得：$\frac{\partial \rho}{\partial b} = \frac{\beta(P-s) - a(T_0 + \Delta T)}{(b-a)^2 (T_0 + \Delta T)} > 0$，

$\frac{\partial \rho}{\partial a} = \frac{b(T_0 + \Delta T) - \beta(P-s)}{(b-a)^2 (T_0 + \Delta T)} > 0$，$\frac{\partial \rho}{\partial T_0} = \frac{\beta(P-s)}{(b-a)(T_0 + \Delta T)^2} > 0$，以及

$\frac{\partial \rho}{\partial \beta} = -\frac{P-s}{(b-a)(T_0 + \Delta T)} < 0$。因此，$\rho$ 为 b、a 和 T_0 的严格递增函数，为 β 的严格递减函数。换言之，ρ 会随着消费者对 NEVs 技术水平偏好的上限 b 和下限 a 以及 NEVs 初始技术水平 T_0 的增大而增大；相反，ρ 也会随着价格敏感程度 β 的增大而减少。

证毕。

命题 5.2 表明，随着 NEVs 技术水平偏好的上限 b 和下限 a 以及初始技术水平 T_0 的增大，NEVs 实际需求率 ρ 也随之增大。这主要是因为消费者对 NEVs 技术水平偏好的上限 b 和下限 a 越大，在 NEVs 技术水平 T、政府补贴 s、NEVs 售价 P 以及消费者的价格敏感程度 β 不变的情况下，购买 NEVs 获得非负净效用的消费者越多，所以 NEVs 实际需求率 ρ 越大。同理，NEVs 初始技术水平 T_0 越大，在其他参数不变的情况下，购买 NEVs 获得非负净效用的消费者越多，NEVs 实际需求率 ρ 越大。反之，消费者的价格敏感程度 β 越大，在其他参数不变的情况下，购买 NEVs 的支付成本，即负效用越大，净效用越小，获得非负净效用的消费者越少，NEVs 实际需求率 ρ 也就越小。

接下来将求解 NEVs 企业的研发投资策略。将式（5-15）分别代入式（5-1）和式（5-2），可得 NEVs 销量 Q 和企业利润 π，即：

$$Q = \int_{\mu - 2\sigma}^{\mu - \sigma} \frac{b(T_0 + \Delta T) - \beta(P-s)}{(b-a)(T_0 + \Delta T)} Df(t) dt \quad (5-16)$$

$$\pi = \int_{\mu - 2\sigma}^{\mu - \sigma} \frac{b(T_0 + \Delta T) - \beta(P-s)}{(b-a)(T_0 + \Delta T)} PDf(t) dt - I \quad (5-17)$$

显然，NEVs 销量 Q 和企业利润 π 均为企业研发投资额 I 和政府单位补贴额 s 的函数。

当企业以研发投资资金约束下的销量最大化为决策目标时，需要求解式（5-7）至式（5-9），由此可得命题 5.3。

命题 5.3 当企业以研发投资资金约束下的销量最大化为决策目标时，若企业研发投资资金足够，企业的研发投资额 $I_1^* = I^{-1}(\beta \frac{P-s}{a} - T_0)$，即通过研发投资使 NEVs 技术增量 $\Delta T = \frac{\beta(P-s)}{a} - T_0$，从而使 NEVs 实际需求率 $\rho = 1$；若企业研发投资资金不足，企业的研发投资策略为投入其所有研发投资资金，即 $I_1^* = \tilde{I}$。

证明：由式（5-1）可知，NEVs 实际需求率 $\rho = 1$ 时，NEVs 销量最大。由命题 5.1 可知，当 $\Delta T = \frac{\beta(P-s)}{a} - T_0$ 时，$\rho = 1$。因此，当企业以销量最大化为决策目标时，若企业研发投资资金足够，企业研发投资额为 $I_1^* = I^{-1}\left(\beta \frac{P-s}{a} - T_0\right)$，其中，$I^{-1}(\Delta T)$ 为企业研发投资反函数，从而使 NEVs 技术增量 $\Delta T = \frac{\beta(P-s)}{a} - T_0$；若企业研发投资资金不足，无法使 NEVs 技术增量 $\Delta T = \frac{\beta(P-s)}{a} - T_0$，企业就应投入其所有研发投资资金 $\tilde{I}$，以最大化 NEVs 技术增量 ΔT，进而最大化 NEVs 实际需求率 ρ 和销量 Q。

证毕。

由命题 5.3 可知，企业以研发投资资金约束下的销量最大化为决策目标时，企业的研发投资策略为政府补贴政策 s 的函数，$I_1^* = I_1(s)$。因此，政府会依此制定最优补贴政策 s_1^*，由此可得命题 5.4。

命题 5.4 当企业以研发投资资金约束下的销量最大化为决策目

标时，若企业研发投资资金足够，即当 $I_1^* = I^{-1}\left(\beta\dfrac{P}{a} - T_0\right) \leq \tilde{I}$ 时，政府无须进行补贴，即 $s_1^* = 0$；若企业研发投资资金不足，且政府补贴资金足够，即当 $I^{-1}\left(\beta\dfrac{P-s}{a} - T_0\right) - \tilde{I} \leq \bar{S}$ 时，政府给予消费者的单位购置补贴 $s_1^* = \left[I^{-1}\left(\beta\dfrac{P-s}{a} - T_0\right) - \tilde{I}\right]/Q$，从而 NEVs 实际需求率 $\rho = 1$；若企业研发投资资金不足，且政府补贴资金也不足，即当 $I^{-1}\left(\beta\dfrac{P-s}{a} - T_0\right) - \tilde{I} > \bar{S}$ 时，政府按其资金上限给予消费者购置补贴，即 $s_1^* = \bar{S}/Q$。

证明：由命题 5.3 可知，当企业以销量最大化为决策目标时，若政府不对消费者补贴，即 $s_1^* = 0$，企业的研发投资额 $I_1^* = I^{-1}\left(\beta\dfrac{P}{a} - T_0\right)$，以实现销量最大化。若该投资额不超过企业资金限制，即 $I_1^* \leq \tilde{I}$，企业将投资 $I = I^{-1}\left(\beta\dfrac{P}{a} - T_0\right)$ 并实现 NEVs 销量最大化，因此，政府无须进行补贴，即 $s_1^* = 0$。

由命题 5.4 可知，当企业面临资金不足时，即使它们投入其所有研发投资资金 $\tilde{I}$，仍会因为资金缺口的问题未能达到 NEVs 销量最大化。此时，政府需要通过对消费者进行购置补贴来降低消费者成本，提高其净效用，从而将实际需求率提高到 $\rho = 1$，最大化 NEVs 销量。由于企业的资金缺口为 $I^{-1}\left(\beta\dfrac{P-s}{a} - T_0\right) - \tilde{I}$，因此，若政府补贴资金足够，即 $I^{-1}\left(\beta\dfrac{P-s}{a} - T_0\right) - \tilde{I} \leq \bar{S}$，政府给予消费者的单位补贴 $s_1^* = \left[I^{-1}\left(\beta\dfrac{P-s}{a} - T_0\right) - \tilde{I}\right]/Q$，最终导致实际需求率提高到 $\rho = 1$。

当然,若政府的补贴资金也不足时,即当 $\left[I^{-1}\left(\beta\dfrac{P-s}{a}-T_0\right)-\tilde{I}\,\right]\geqslant \bar{S}$ 时,政府就只有按其资金上限制定补贴政策,即每辆车补贴 $s_1^* = \bar{S}/Q$。

证毕。

在政府制定出补贴政策 s_1^* 后,企业就会将 s_1^* 代入 $I_1^* = I_1(s)$,并得出自己的投资额 I_1^*。

当企业决策目标为满足一定销量下的利润最大化时,需要求解式(5-10)至式(5-12),由此可得命题5.5。

命题 5.5 当企业的决策目标为满足一定销量下的利润最大化时,若企业研发投资使企业利润 π 最大化,同时使企业销量约束得到满足,则企业的研发投资策略为通过投资获得最大利润,即企业研发投资额 $I_2^* = \pi^{-1}(\pi^*)$;反之,企业的研发投资策略为通过投资使其销量刚好满足销量约束,即企业研发投资额 $I_2^* = Q^{-1}(\tilde{Q})$。

证明:当企业决策目标为满足一定销量下的利润最大化时,求解 $\dfrac{\partial \pi}{\partial I}=0$,可得 $I_2^* = \pi^{-1}(\pi^*)$,将 I_2^* 代入式(5-16)可得企业销量 $Q(I_2^*)$。显然,若 $Q(I_2^*) \geqslant \tilde{Q}$,企业销量约束得到满足,企业研发投资 I_2^* 实现了企业决策目标,因此,企业应投资 $I_2^* = \pi^{-1}(\pi^*)$。反之,若 $Q(I_2^*) < \tilde{Q}$,由命题5.1和式(5-16)可知,企业研发投资过低,需要增大研发投入。而随着企业研发投资的增大,企业利润将持续降低,因此,企业应该通过研发投资使其销量约束刚好得到满足,即 $I_2^* = Q^{-1}(\tilde{Q})$,此时的企业利润为该销量约束下的企业最大利润。

证毕。

同理,由于 $I_2^* = I_2(s)$,政府就会依此制定其最优补贴政策

s_2^*。由此可得命题5.6。

命题5.6 当企业的决策目标为满足一定销量下的利润最大化时，若政府补贴资金足够，即当 $I_2^{-1}\left(I^{-1}\left(\beta\dfrac{P-s}{a}-T_0\right)\right)Q \leqslant \overline{S}$ 时，政府给予消费者的单位购置补贴 $s_2^* = I_2^{-1}\left(I^{-1}\left(\beta\dfrac{P-s}{a}-T_0\right)\right)$；当政府补贴资金不足时，政府按其资金上限给予消费者购置补贴，即 $s_2^* = \overline{S}/Q$。

证明：由命题5.1可知，当企业研发投资 $I = I^{-1}\left(\beta\dfrac{P-s}{a}-T_0\right)$ 时，NEVs销量最大，而当企业决策目标为满足一定销量下的利润最大化时，其研发投入为 $I_2^* = I_2(s)$，因此，若政府补贴资金足够，政府应通过补贴使企业研发投资 $I = I^{-1}\left(\beta\dfrac{P-s}{a}-T_0\right) = I_2^* = I_2(s)$，求解可得 $s_2^* = I_2^{-1}\left(I^{-1}\left(\beta\dfrac{P-s}{a}-T_0\right)\right)$；若政府补贴资金也不足够，由于政府补贴越大，NEVs销量越大，因此，政府应按其资金上限给予消费者购置补贴，即 $s_2^* = \overline{S}/Q$。

证毕。

在政府制定出补贴政策 s_2^* 后，企业就会将 s_2^* 代入 $I_2^* = I_2(s)$ 并得出自己的投资额 I_2^*。

命题5.7 无论企业决策目标是什么，若政府补贴资金充足，政府将通过补贴使NEVs实际需求率 $\rho = 1$，实现NEVs销量最大化；反之，政府将按其资金上限给予消费者购置补贴。

证明：命题5.7的证明可由命题5.4和命题5.6得出。

证毕。

第四节　仿真分析

NEVs 在某市场的总规模 $D=1000$，且需求概率密度函数 $f(t)$ 服从 $(50,15^2)$ 的正态分布。NEVs 市场处在 TALC 的 $t\in[20,35]$ 阶段。NEVs 初始技术水平 $T_0=1$，技术水平增量 $\Delta T(I)=\dfrac{2.2I}{I+160}$，销售价格 $P=1.8$。消费者对价格的敏感程度 $\beta=0.3$，消费者对 NEVs 性能和技术水平的偏好 θ 服从 $[0.3,1.3]$ 的均匀分布。

表 5-1 和表 5-2 分别反映了 NEVs 企业以研发投资资金约束下的销量最大化和一定销量约束下的利润最大化为决策目标时的研发投资及相应产出。

表 5-1　企业以研发投资约束下销量最大化为目标的投资和产出

企业投资约束 $\tilde{I}$	政府资金约束 $\overline{S}$	单位补贴 s	补贴总额 sQ	研发投资 I	技术水平增量 ΔT	实际需求率 ρ	销量 Q	企业利润 π
100	—	0	0	91.4286	0.8	1	135.905	153.2
60	30	0.2	25.181	60	0.6	1	135.905	184.629
60	10	0.0753	10	60	0.6	0.9766	132.728	178.911
60	—	—	—	60	0.6	0.9625	130.809	175.455

注：第 4 行数据是政府不提供补贴的结果。

表 5-2　企业以销量约束下利润最大化为目标的投资和产出

销量约束 $\tilde{Q}$	政府资金约束 $\overline{S}$	单位补贴 s	补贴总额 sQ	研发投资 I	技术水平增量 ΔT	实际需求率 ρ	销量 Q	企业利润 π
110	—	—	—	17.3864	0.2156	0.8557	116.306	191.964
125	—	—	—	37.7702	0.4201	0.9197	125	187.23

续表

销量约束 $\tilde{Q}$	政府资金约束 $\bar{S}$	单位补贴 s	补贴总额 sQ	研发投资 I	技术水平增量 ΔT	实际需求率 ρ	销量 Q	企业利润 π
125	110	0.7952	108.079	0.3459	0.0048	1	135.905	244.283
125	50	0.3976	50	9.48071	0.1231	0.9254	125.763	216.893

注：第1行和第2行数据是政府不提供补贴的结果。

由表5-1可以看出，当企业以研发投资资金约束下的销量最大化为决策目标时，若企业研发投资资金足够，企业将通过研发投资使 NEVs 实际需求率 $\rho=1$，从而实现 NEVs 销量最大化；若企业研发投资资金不足，企业将投入其所有研发投资资金，即 $I_1^* = \tilde{I} = 60$。该结论印证了本章命题5.3。

由表5-1还可以看出，当企业以研发投资资金约束下的销量最大化为决策目标时，若企业研发投资资金足够，政府无须进行补贴，即 $s_1^* = 0$；若企业研发投资资金不足，而政府补贴资金足够，政府将通过给予消费者购置补贴使实际需求率提高到 $\rho=1$；若企业研发投资资金不足，且政府补贴资金也不足，政府就只有按其资金上限制定补贴政策，即 $s_1^* = \bar{S}/Q = 0.0753$。该结论印证了本章命题5.4。

表5-1最后一行数据反映的是政府不补贴时的结果。可以看出，当政府不补贴时，若企业研发投资资金不足，企业只能将所有资金投入技术研发，但实际需求率 ρ 和销量 Q 都在表5-1中4种情况下最低。

由表5-2可以看出，无论政府是否提供 NEVs 购置补贴，当企业决策目标为满足一定销量下的利润最大化时，若企业研发投资使企业利润最大化，同时使企业销量约束得到满足，企业就会通过投资获得最大利润；反之，若企业利润最大时的销量低于其销量约束，企业就会通过投资使其销量刚好满足销量约束。该结论印证了本章命题5.5。

由表5-2还可以看出，当企业决策目标为满足一定销量下的利润最大化时，若政府补贴资金足够，政府可以通过资金补贴的方式激发消费者购买，以实现NEVs实际需求率$\rho=1$，从而使NEVs的销量达到最大化；若政府补贴资金不足，政府就按其资金上限给予消费者购置补贴。该结论印证了本章命题5.6。

由表5-1和表5-2可以看出，无论企业决策目标是什么，若政府补贴资金充足，且NEVs企业想实现市场内的销量最大化，政府可以通过采取对消费者进行购置补贴的方式来激发实际需求率达到$\rho=1$；反之，政府将按其资金上限给予消费者购置补贴。该结论印证了本章命题5.7。

此外，由表5-1和表5-2还可以看出，虽然消费者购置补贴可以提高NEVs销量和企业利润，但这非但不能提高企业的NEVs技术研发投资额，反而会在企业以利润最大化为决策目标时降低企业的NEVs技术研发投资额。因此，若政府只是希望提高NEVs的销量，可以实施NEVs购置补贴政策；但是，若政府希望达到销量和研发投入的双重目标，政府就不能仅仅实施NEVs购置补贴政策。

第六章 基于 TALC 和顾客选择的 NEVs 研发成果补贴策略研究

考虑 NEVs 处于 TALC 的第二阶段并结合 NEVs 顾客在该阶段的心理特征和选择偏好,本章构建了研发成果补贴下 NEVs 企业制造商研发投资规划模型。通过理论模型分析和数值模拟,讨论了 NEVs 企业制造商的研发投资策略、研发成果补贴政策效果以及顾客的购买决策。进一步,本章通过分析 NEVs 企业基于利润最大化、销量最大化目标下研发成果补贴效果及消费者对 NEVs 的选择和偏好,为 NEVs 制造商调整其研发投入策略提供理论性的指导。

第一节 问题的提出

近年来,政府为普及 NEVs 对 NEVs 制造商展开一系列补贴资助政策,使研究 NEVs 企业政府补贴与研发创新的关系成为研发管理领域的重要部分。一般而言,根据补贴时间,政府对 NEVs 企业的研发补贴可分为研发投入补贴(事前)和研发产出补贴(事后)(Liu 和 Li,2014;Harley 等,2016)。其中,中国政府主要采用购置补贴和研发投入补贴两种补贴政策并对这两种补贴政策的效果和设计展开了大量研究。Jiang 等（2018）在研究补贴政策影响中国 NEVs 企业的研发强度时指出，政府补贴具有明显的研发溢出效应，即促进了企业的研发创新。Wang 等（2015）提出了一个进化博弈模型来讨论政府如何通过激励汽车制造商开发先进技术制造 NEVs。Chen 等（2018）建立了一个自下而上的模型来估计政府补贴和信贷监管对纯电动汽车技术趋势的协同影响。Zuo 等（2019）指出，缺乏科学的选择标准和筛选程序是中国政府补贴效果不佳甚至被欺骗的主要原因，并提出了一个选择研发补贴对象的决策模型。

然而，从中国 NEVs 产业发展的现实来看，巨额的政府补贴并没有很好地激活 NEVs 的市场活力，相反有大量补贴被非法占用或骗取。以上矛盾化的悖论表明，政府补贴在激发 NEVs 企业研发创新方面仍需要纳入新的分析框架和视角。进一步，研发成果补贴因其低风险和操作简单两个突出的优势而被广泛采用和深入研究。其一，低风险意味着政府不需要分担企业研发失败的风险，也不需要承担企业非法占用补贴的风险。其二，操作简单在于政府可以利用研发成果的技术水平作为补贴标准，这一指标易于衡量和获取。尽管研发成果补贴在 NEVs 推广方面具有独特作用，但鲜有研究对该补贴方式进行深入探讨。

此外，既有研究还忽略了 NEVs 的另一个关键参与者——顾客。中国政府补贴效果不佳的一个重要原因是政府和 NEVs 企业不了解客户对 NEVs 性能和技术水平的偏好和要求。事实上，NEVs 作为一种新产品，其 TALC 可以分为 4 个阶段，每个阶段的顾客对 NEVs 的特点和要求是不同的。只有针对这些特点进行补贴和研发，才能有效提高 NEVs 的技术水平和销量。因此，本章对 NEVs 客户的特征及其对 NEVs 的需求和偏好进行了大量的研究。He 等（2018）发现，中国大部分电动汽车购买者有两种性格，即个人创新性和环境关注。Hackbarth 和 Madlener（2013）指出，新能源汽车的购买者大多受过高等教育，环保意识较强，他们的偏好是燃油经济性、减排和行驶里程。Helveston 等（2015）发现，中国客户愿意采用今天的纯电动汽车和中端插电式混合动力汽车，而美国客户更喜欢低端插电式混合动力汽车。从上述文献中可以发现，NEVs 处于其 TALC 的第二阶段，在这一阶段的客户会根据 NEVs 的潜在利益与其他关注事项的匹配做出购买 NEVs 的决策。

基于此，本章考虑 NEVs 处于 TALC 的第二阶段并结合 NEVs 顾客在该阶段的心理特征、选择偏好，构建了研发成果补贴下 NEVs 企业制造商研发投资规划模型，分析了 NEVs 企业基于利润最大化、销量最大化目标下政府研发成果补贴效果及消费者对 NEVs 的选择和偏好，全面了解 NEVs 制造商企业的研发投资决策。

第二节 研究设计

一 问题描述

本章同样考虑 NEVs 企业研发并向市场推出产品。由于 NEVs 处于 TALC 的第二阶段，NEVs 企业研发投入的意愿和金额不足。为了激发企业的研发意愿，政府出台研发成果补贴政策，按照 NEVs 企业的研发成果水平高低提供补贴，即根据 NEVs 的技术水平补贴。

因此，政府、NEVs 企业和消费者的决策顺序如下。首先，针对 NEVs 所处的发展阶段、该阶段消费者的特征及其对 NEVs 的偏好和选择以及该阶段 NEVs 企业的研发能力和 NEVs 的技术水平，政府制定出给予企业的研发成果补贴政策。其次，根据自身的研发能力和 NEVs 的技术水平，结合政府补贴政策和消费者对 NEVs 技术的偏好和选择行为，NEVs 企业制定出研发投资策略。最后，根据自身对 NEVs 技术的偏好，结合 NEVs 价格和政府给予的补贴，消费者制定其购买决策。

本章主要研究政府和企业如何基于 NEVs 采用生命周期和消费者选择行为，分别制定给予消费者的补贴政策和研发投资策略。

二 模型建立

NEVs 在某市场的总规模，即潜在总需求为 D，且处在 TALC 的第二阶段，即需求概率密度函数 $f(t)$ 服从 (μ, σ^2) 的正态分布的 $t \in [\mu-2\sigma, \mu-\sigma]$ 阶段。在该阶段，消费者基于购买 NEVs 所获净效用 U 制定购买决策，包括自身对 NEVs 的性能和技术参数 T 的偏好、对 NEVs 价格 P 的敏感程度 β 等。

为了激励 NEVs 企业增大对 NEVs 技术的研发投入，提高 NEVs 技术水平，从而提高 NEVs 的销量，推动 NEVs 的发展，针对该阶段消费者的特征和 NEVs 的技术水平，政府以 NEVs 销量 Q 最大化或 NEVs 技术达到一定标准为目标，按照企业 NEVs 技术水平高低给予企业研发成果补贴 S。换言之，政府补贴是 NEVs 技术水平 T 的函数，即，$S = s(T)$。由于资金限制，政府给予企业的补贴总额上限为 $\bar{S}$。

NEVs 企业以价格 P 向市场销售 NEVs。其单位生产成本为 C，由于单位生产成本为固定常数，对本章分析结果不产生任何影响，只是增加了公式和模型的复杂度，因此，本章将其简化为 0。考虑到 NEVs 技术水平是影响该阶段消费者购买决策的核心因素，企业需要制定合理的 NEVs 技术研发投资决策，从而提升 NEVs 的销量和企业自身的利润。由于政府在企业制定研发投资决策前已经制定了补贴政策，企业会根据政府的补贴政策，结合其对该阶段消费者特征的了解，制定其研发投资决策以及相应的 NEVs 技术水平。由于 NEVs 处在其 TALC 的第二阶段，已经达到一定技术水平 $\underline{T}$，企业的研发投入是在 $\underline{T}$ 的基础上提升 NEVs 的技术水平 T，即 $T = \underline{T} + \Delta T(I)$，其中，$\Delta T(I)$ 为企业研发投资 I 带来的 NEVs 技术水平增量，$\Delta T(I)$ 满足 $\Delta T(0) = 0$，$\Delta T'(I) > 0$，$\Delta T''(I) < 0$，其中，$\Delta T'(I) > 0$ 表示企业研发投入始终能提升 NEVs 技术水平，$\Delta T''(I) < 0$ 表示企业研发投入的边际效用递减。同时，由于 $T = \underline{T} + \Delta T(I)$，而政府只会根据企业提升的技术水平给予企业研发成果补贴，因此，政府给予企业的研发成果补贴 $S = s(T)$，可以变形为 $S = S(\Delta T)$，且满足 $S(0) = 0$，$S'(\Delta T) > 0$。

企业在 NEVs TALC 的第二阶段的主要任务是为开拓第三阶段和第四阶段的更大市场打下坚实基础，因此，企业的决策目标不仅仅是利润最大化。一般而言，NEVs 制造企业在这个阶段为了提高竞争力，其目标会是研发投资资金约束下的销量最大化，或达到一定技术水平，或满足一定销量约束下的利润最大化。

消费者在面对企业销售的 NEVs 和政府提供的补贴时，需要做出购买决策。其决策标准是最大化净效用，且使净效用非负。消费者的净效用 $U = T - \beta P + \theta$，其中，β 为消费者对价格的敏感程度，θ 为消费者对 NEVs 性能和技术水平的偏好。每个消费者对 NEVs 性能和技术水平的偏好各不相同，服从参数为 (0, 1) 的二重指数分布（该分布函数是描述消费者对产品独特偏好的最常见的拟合函数）。当消费者购买 NEVs 获得的净效用非负时，消费者就会购买 NEVs，此时 NEVs 的潜在需求就转化为实际需求（以下简称"实际需求率"）。

命 NEVs 实际需求率为 ρ，则 NEVs 的销量为：

$$Q = \int_{\mu-2\sigma}^{\mu-\sigma} \rho Df(t)\, dt \qquad (6-1)$$

企业利润为：

$$\pi = \int_{\mu-2\sigma}^{\mu-\sigma} P\rho Df(t)\, dt - I + S \qquad (6-2)$$

由此可得，当政府补贴目标是销量最大化时，政府面临如下的规划问题：

$$\max_S Q \qquad (6-3)$$

$$\text{s. t. } S \leq \bar{S} \qquad (6-4)$$

$$S \geq 0 \qquad (6-5)$$

其中，式（6-3）为政府决策目标，即通过对给予企业的 NEVs 研发成果补贴 S 的制定，最大化 NEVs 的销量；式（6-4）和式（6-5）分别为补贴资金约束和补贴非负约束。

当政府的补贴目标是 NEVs 的技术达到一定水平 $\bar{T}$ 时，这个目标表明政府通过综合考虑认为 NEVs 的技术水平在当前阶段达到 $\bar{T}$ 已经足够，因此在 NEVs 技术水平达到 $\bar{T}$ 时，政府就会认为没有必要继续采用补贴的方式来激励企业提高研发投入，但政府仍然会希望企业尽可能提高技术水平。换言之，政府面临如下规划问题：

$$\max_S T \qquad (6-6)$$

$$\text{s. t. } S \leq S(\bar{T}) \qquad (6-7)$$

$$S \leq \bar{S} \qquad (6-8)$$

$$S \geq 0 \qquad (6-9)$$

其中，式（6-6）为政府决策目标，即通过对给予企业的 NEVs 研发成果补贴 S 的制定，最大化 NEVs 的技术水平，式（6-7）为补贴上限约束，表明即使技术水平超过 $\bar{T}$，政府也不会提高补贴额，式

(6-8) 和式 (6-9) 分别为补贴资金约束和补贴非负约束。

当企业决策目标为研发投资资金约束下的销量最大化时，企业面临如下的规划问题：

$$\max_I Q \qquad (6-10)$$

$$\text{s.t. } I \leq \tilde{I} \qquad (6-11)$$

$$I \geq 0 \qquad (6-12)$$

其中，式 (6-10) 为企业决策目标，即通过对 NEVs 技术研发投资额的制定，最大化 NEVs 销量；式 (6-11) 为研发投资资金约束，$\tilde{I}$ 为投资上限；式 (6-12) 为投资额非负约束。

当企业的决策目标是在研发资金约束下 NEVs 的技术达到一定水平 $\tilde{T}$ 时，这个目标表明企业通过综合考虑认为 NEVs 的技术水平在当前阶段达到 $\tilde{T}$ 已经足够，没有必要再继续提高技术水平，或者是再继续进行研发投资会因为投资的边际效用递减而变成非常不经济的行为，因此在 NEVs 技术水平达到 $\tilde{T}$ 时，企业就会不再增加研发投入，但仍然会希望尽可能提高销售量，进而提升市场份额和竞争力。换言之，企业面临如下规划问题：

$$\max_I Q \qquad (6-13)$$

$$\text{s.t. } I \leq I(\tilde{T}) \qquad (6-14)$$

$$I \leq \tilde{I} \qquad (6-15)$$

$$I \geq 0 \qquad (6-16)$$

其中，式 (6-13) 为企业决策目标，式 (6-14) 为技术水平约束，式 (6-15) 为研发投资资金约束，$\tilde{I}$ 为投资上限；式 (6-16) 为投资额非负约束。

当企业决策目标为满足一定销量下的利润最大化时，企业面临如下的规划问题：

$$\max_{I} \pi \qquad (6-17)$$

$$\text{s.t.} \ Q \geqslant \tilde{Q} \qquad (6-18)$$

$$I \geqslant 0 \qquad (6-19)$$

其中，式（6-17）为企业决策目标，即通过 NEVs 技术研发投资额的制定，最大化企业利润；式（6-18）和式（6-19）为规划约束条件，分别为 NEVs 销量下限约束和投资额非负约束。显然，使企业销量下限得以约束的研发投资额必然不超过企业的资金约束，否则，该规划无解。换言之，企业决策失误。

消费者面临如下的决策问题：

$$\max_{buy \ or \ not} U \qquad (6-20)$$

$$\text{s.t.} \ U \geqslant 0 \qquad (6-21)$$

其中，式（6-20）为消费者决策目标，即通过 NEVs 购买决策的制定，最大化自身净效用；式（6-21）为消费者净效用非负约束。

第三节 模型分析

本节将使用逆向归纳法推导 NEVs 研发投资过程中的政府、企业和消费者决策。首先，当消费者在面对企业销售的 NEVs 和政府提供的补贴政策时，根据其效用函数制定购买决策。命产品 0 为消费者放弃购买，产品 1 为消费者选择购买 NEVs。则可得 NEVs 的实际需求率，即：

$$\rho = \rho_1 = P\{U_i = \max_{i=0,1} U_i\} = \frac{e^{v_i}}{1 + \sum_{i=0}^{1} e^{v_i}} \qquad (6-22)$$

其中，$v_i = T_i - \beta_i P_i$，$T_0 - \beta_0 P_0 \equiv 0$，$T_1 - \beta_1 P_1 = T - \beta P$。则式（9-22）可变为：

$$\rho = \frac{e^{v_1}}{2 + e^{v_1}} \qquad (6-23)$$

命题 6.1 企业应通过技术研发投资使其 NEVs 的技术水平至少达到 $T = \beta P (1 + \ln 2)$，即至少使实际需求率达到 $\rho = \dfrac{2^{\beta P}}{2 + 2^{\beta P}}$。

证明：求实际需求率关于技术水平的一阶偏导数可得 $\dfrac{\partial \rho}{\partial T} = \dfrac{2 e^{T + \beta P}}{(e^T + 2 e^{\beta P})^2} > 0$，求实际需求率关于技术水平的二阶偏导数可得 $\dfrac{\partial^2 \rho}{\partial T^2} = \dfrac{2 e^{T + \beta P} (2 e^{\beta P} - e^T)}{(e^T + 2 e^{\beta P})^3}$。显然，当 $T < \beta P (1 + \ln 2)$ 时，$2 e^{\beta P} > e^T$，$\dfrac{\partial^2 \rho}{\partial T^2} > 0$。因此，在企业将 NEVs 技术水平提高到 $T = \beta P (1 + \ln 2)$ 之前，技术水平的提高对于提升实际需求率的边际效应处于递增阶段，提高技术水平对企业提高 NEVs 销量和销售收入都是有利的。将 $T = \beta P (1 + \ln 2)$ 代入式（6-23）可得 $\rho = \dfrac{2^{\beta P}}{2 + 2^{\beta P}}$。因此，企业至少应将 NEVs 技术水平提升到 $T = \beta P (1 + \ln 2)$，使实际需求率达到 $\rho = \dfrac{2^{\beta P}}{2 + 2^{\beta P}}$。

命题 6.1 证毕。

命题 6.1 表明，在 NEVs 技术水平提升的初期，技术水平越高，每提升单位技术水平，实际需求率的提高就越多，换言之，吸引到的实际消费者越多。因此，企业应持续增加研发投入，更有效率地提高销售量和销售收入，这主要是因为在 NEVs 技术水平提升的初期，企业可以吸引的潜在消费者很多，企业只要提高 NEVs 的性能，就能吸引到大量环保意识强、对汽车性能和技术水平要求不高的消费者。而且随着技术水平的提高，企业继续提升技术水平，这些环保意识强且技术水平要求不高的消费者看到企业能在已经不错的技术水平上继续提高，就会有更多人对企业的 NEVs 技术水平感到更加满意，从而吸引到更多的消费者购买 NEVs。但随着技术水平提高到一定程度，已经有大量消费者选择购买 NEVs，企业还能够吸引的消费者大量减少，而且这些需要被吸引的消费者都对 NEVs 性能和技术要求很高，因此，提升相同程度的技术水平能吸引到的消费者数量就会越来越少。

命题 6.2 NEVs 实际需求率 ρ 随着 NEVs 初始技术水平 $\underline{T}$ 的增大而增大；随着消费者对 NEVs 价格的敏感程度 β 的增大而减少。

证明：分别对 NEVs 实际需求率 ρ 求 NEVs 初始技术水平 $\underline{T}$ 以及消费者对 NEVs 价格的敏感程度 β 的一阶偏导数，可得 $\frac{\partial \rho}{\partial \underline{T}} = \frac{2e^{T+\beta P}}{(e^T + 2e^{\beta P})^2} > 0$，$\frac{\partial \rho}{\partial \beta} = \frac{-2Pe^{T+\beta P}}{(e^T + 2e^{\beta P})^2} < 0$。因此，$\rho$ 为 $\underline{T}$ 的严格递增函数，为 β 的严格递减函数。换言之，NEVs 实际需求率 ρ 随着 NEVs 初始技术水平 T_0 的增大而增大，随着消费者对 NEVs 价格的敏感程度 β 的增大而减少。

命题 6.2 证毕。

命题 6.2 表明，随着 NEVs 初始技术水平 $\underline{T}$ 的增大，NEVs 实际需求率 ρ 也随之增大。这主要是因为随着 $\underline{T}$ 的增大，即使企业研发投入 I 及相应的技术水平增量 ΔT 不变，随着 NEVs 的技术水平 T 增大，在 NEVs 售价 P 以及消费者的价格敏感程度 β 不变的情况下，购买 NEVs 获得非负净效用的消费者越多，NEVs 实际需求率 ρ 越大。消费者的价格敏感程度 β 越大，在其他参数不变的情况下，消费者购买 NEVs 的负效用越大，净效用越小，获得非负净效用的消费者就越少，因此，NEVs 实际需求率 ρ 也就越小。

由命题 6.2 可以看出，在 NEVs 的 TALC 每个阶段的初期，NEVs

的初始技术水平越高，对于企业在该阶段开拓市场越有利。这也是政府和企业在当前阶段致力于提高 NEVs 技术水平的主要原因所在，并为下一个市场需求大增的阶段打下坚实基础。同时，政府和企业不遗余力地为 NEVs 大做宣传，其主要目的之一就是提高消费者环保意识和对 NEVs 环保性能的认识，从而降低消费者对 NEVs 价格的敏感程度，促进消费者购买 NEVs。

接下来，本章将求解 NEVs 企业的研发投资策略。将式（6-23）分别代入式（6-1）和式（6-2），可得 NEVs 销量 Q 和企业利润 π，即：

$$Q = \int_{\mu-2\sigma}^{\mu-\sigma} \frac{e^{T+\Delta T(I)-\beta P}}{2+e^{T+\Delta T(I)-\beta P}} Df(t) \, dt \quad (6-24)$$

$$\pi = \int_{\mu-2\sigma}^{\mu-\sigma} \frac{e^{T+\Delta T(I)-\beta P}}{2+e^{T+\Delta T(I)-\beta P}} PDf(t) \, dt - I + S \quad (6-25)$$

显然，NEVs 销量 Q 仅为企业研发投资额 I 的函数，而企业利润 π 则是企业研发投资额 I 和政府贴额 S 的函数。

当企业以研发投资资金约束下的销量最大化为决策目标时，需要求解式（6-10）至式（6-12），由此可得命题 6.3。

命题 6.3 当企业的决策目标为研发投资资金约束下的销量最大化时，企业的研发投资策略为投入其所有研发投资资金，即当 $I_1^* = \widetilde{I}$ 时，其实际需求率为 $\rho_1^* = \dfrac{e^{T+\Delta T(\widetilde{I})-\beta P}}{2+e^{T+\Delta T(\widetilde{I})-\beta P}}$。

证明：由式（6-1）和式（6-24）可知，企业研发投资额越大，NEVs 实际需求率越大，销量也越大。因此，若企业在资金约束下期望销量最大化，必然投入所有研发资金，即 $I_1^* = \widetilde{I}$。将其代入式（6-23）可得 $\rho_1^* = \dfrac{e^{T+\Delta T(\widetilde{I})-\beta P}}{2+e^{T+\Delta T(\widetilde{I})-\beta P}}$。

命题 6.3 证毕。

当企业的决策目标是 NEVs 的技术达到一定水平 $\tilde{T}$ 时,需要求解式(6-13)至式(6-16),由此可得命题 6.4。

命题 6.4 当企业在资金约束下以 NEVs 的技术达到一定水平 $\tilde{T}$ 为决策目标时,若企业的研究资金足以将 NEVs 技术水平提高到 $\tilde{T}$,企业的研发投资策略是投入使技术水平达到 $\tilde{T}$ 的资金,即 $I_2^* = \Delta T^{-1}(\tilde{T} - \underline{T})$,此时 $\rho_2^* = \dfrac{e^{\tilde{T} - \beta P}}{2 + e^{\tilde{T} - \beta P}}$;若企业资金不足,企业的研发投资策略为投入其所有研发投资资金,即 $I_2^* = \tilde{I}$,此时的实际需求率则为 $\rho_2^* = \dfrac{e^{\underline{T} + \Delta T(\tilde{I}) - \beta P}}{2 + e^{\underline{T} + \Delta T(\tilde{I}) - \beta P}}$。

证明:由命题 6.1 和式(6-13)至式(6-16)可知,NEVs 技术水平越高,实际需求率越大,NEVs 销量就越大。由于企业只希望将技术水平提高到 $\tilde{T}$,因此,企业此时的投资决策是尽可能将技术水平提高到 $\tilde{T}$,同时最多提高到 $\tilde{T}$。由此可得,当企业资金足够时,企业通过投资将技术水平从 $\underline{T}$ 提高到 $\tilde{T}$,即 $\Delta T(I_2^*) = \tilde{T} - \underline{T}$,换言之,企业研发投资 $I_2^* = \Delta T^{-1}(\tilde{T} - \underline{T})$,将其代入式(6-23)可得 $\rho_2^* = \dfrac{e^{\tilde{T} - \beta P}}{2 + e^{\tilde{T} - \beta P}}$。当企业资金不足时,由命题 6.3 可知,企业研发投资 $I_2^* = \tilde{I}$,相应实际需求率则为 $\rho_2^* = \dfrac{e^{\underline{T} + \Delta T(\tilde{I}) - \beta P}}{2 + e^{\underline{T} + \Delta T(\tilde{I}) - \beta P}}$。

命题 6.4 证毕。

由命题 6.3 和命题 6.4 可知,当企业以研发投资资金约束下的销量最大化为决策目标,或企业以 NEVs 的技术达到一定水平为决策目标时，企业的研发投资策略与政府的补贴政策 S 无关，由此可得命题 6.5。

命题 6.5 当 NEVs 企业以研发投资资金约束下的销量最大化为目标时，或 NEVs 的技术达到一定水平时，政府的最优研发成果补贴为 $S_1^* = S_2^* = 0$，即政府无须对企业进行研发成果补贴。

证明：由于当企业的决策目标是研发投资资金约束下的销量最大化，或 NEVs 的技术达到一定水平时，企业的研发投资策略与政府的补贴政策 S 无关，因此，政府的研发成果补贴没有任何作用，政府也没有必要对企业进行研发成果补贴。

命题 6.5 证毕。

当企业决策目标为满足一定销量下的利润最大化时，需要求解式（6-17）至式（6-19），由此可得命题 6.6。

命题 6.6 当企业以一定销量下的利润最大化为目标时，若企业研发投资使企业利润 π 最大化，同时使企业销量约束得到满足，则企业的研发投资策略为通过投资获得最大利润，即企业研发投资额 $I_3^* = \pi^{-1}(\pi^*)$；反之，企业的研发投资策略为通过投资使其销量刚好满足销量约束，即企业研发投资额 $I_3^* = Q^{-1}(\tilde{Q})$。

证明：当企业决策目标为满足一定销量下的利润最大化时，求解 $\frac{\partial \pi}{\partial I} = 0$ 可得 $I_3^* = \pi^{-1}(\pi^*)$，将 I_3^* 代入式（6-24）可得企业销量 $Q(I_3^*)$。显然，若 $Q(I_3^*) \geq \tilde{Q}$，企业销量约束得到满足，企业研发投资 I_3^* 实现了企业决策目标，因此，企业应投资 $I_3^* = \pi^{-1}(\pi^*)$。反之，若 $Q(I_3^*) < \tilde{Q}$，由命题 6.1 以及式（6-23）和式（6-24）可知，企业研发投资过低，需要增大研发投入。而随着企业研发投资的增大，企业利润将持续降低。因此，企业应该通过研发投资使其销量约束刚好得到满足，即 $I_3^* = Q^{-1}(\tilde{Q})$，此时的企业利润为

该销量约束下的企业最大利润。

命题 6.6 证毕。

由命题 6.6 可以发现，企业研发投资与政府补贴相关，即 $I_3^* = I_3(S)$，因此，政府会依据 $I_3^* = I_3(S)$，按照政府补贴的不同目标制定其最优补贴政策 S_3^*。由于政府不补贴时，即当 $S_3^* = 0$ 时，NEVs 技术水平为 $T_3^*(S_3^* = 0) = \Delta T(I_3^*(0)) + \underline{T}$，因此，分别求解式（6-3）至式（6-5）和式（6-6）至式（6-9），由此可得命题 6.7。

命题 6.7 当企业决策目标为满足一定销量下的利润最大化时，若政府补贴目标是销量最大化，政府按其资金上限给予企业研发成果补贴，即 $S_3^* = \overline{S}$。当政府补贴目标是 NEVs 的技术达到一定水平 $\overline{T}$ 时，若 $T_3^*(S_3^* = 0) \geq \overline{T}$，则政府无须补贴，即 $S_3^* = 0$；否则政府要进行补贴，且若政府补贴资金足够，政府的最优补贴政策是通过补贴将 NEVs 技术水平提升到 $\overline{T}$，即 $S_3^* = S(\overline{T} - \underline{T})$；若政府补贴资金也不足，政府按其资金上限给予企业研发成果补贴，即 $S_3^* = \overline{S}$。

证明：由式（6-25）可知，$\frac{\partial \pi}{\partial S} = 1 > 0$，因此，政府补贴 S 越大，企业利润越大。同时，由于政府补贴满足 $S'(\Delta T) > 0$，$\Delta T'(S) > 0$，即政府给予企业的成果补贴越高，企业提升的 NEVs 技术水平增量越大，NEVs 技术水平越高。根据命题 6.1 和式（6-1）可知，NEVs 技术水平越高，NEVs 实际需求率和销量越大。由此可知，政府补贴 S 越大，企业利润越大，NEVs 销量也越大。因此，当企业决策目标为满足一定销量下的利润最大化时，若政府补贴目标是销量最大化，政府应该尽可能多地给予企业研发成果补贴，即按其资金上限给予企业研发成果补贴。

当政府通过综合考虑认为 NEVs 的技术水平在当前阶段达到 $\overline{T}$ 已经足够时，若政府即使不补贴，NEVs 技术水平也高于政府期望值，即 $T_3^*(S_3^*=0) \geq \overline{T}$，则政府无须补贴，即 $S_3^*=0$。否则就应该通过补贴尽量将 NEVs 技术水平提高 $\overline{T}$。

当政府需要补贴时，若政府资金足够，政府就会按照其补贴目标，通过补贴激励企业将 NEVs 技术水平提高到 $\overline{T}$，即政府补贴政策为 $S_3^*=S(\overline{T}-T)$。若政府资金也不充足，由 $\Delta T'(S)>0$、政府补贴目标 $\max_s T$ 以及政府资金约束 $S \leq \overline{S}$ 可得政府补贴政策为 $S_3^*=\overline{S}$，即政府按其资金上限给予企业研发成果补贴。

命题 6.7 证毕。

在政府制定出补贴政策 s_3^* 后，企业就会将 s_3^* 代入 $I_3^*=I_3(S)$，并得出自己的投资额 I_3^*。

结合命题 6.5 和命题 6.7 可得命题 6.8。

命题 6.8 若政府通过给予企业研发成果补贴的方式来激励企业加大研发投入、提升 NEVs 技术水平和产品销量，政府只需要在以下两种情况下向企业提供补贴：一是企业以利润最大化为目标，且政府以 NEVs 销量最大化为目标；二是企业以利润最大化为目标，政府以 NEVs 技术水平达到一定高度为目标，且政府期望的技术水平高于企业利润最大化时的技术水平。

证明：命题 6.8 的证明可由命题 6.5 和命题 6.7 得出。

命题 6.8 证毕。

由命题 6.8 可知，虽然研发成果补贴作为一种事后补贴方式，具有很多显著优势，包括风险小，即不需要分担企业研发失败的风险或承担被企业侵占的风险；易于操作，即可以以 NEVs 达到的技术水平这个很容易测量和获得的数据作为标准发放补贴。然而，它也同样有着明显的不足之处,其中最大的不足之处在于其应用范围较小,只在两种情况下起到对企业的激励作用,即企业追求利润最大化,而政府追求销量最大化;或政府期望 NEVs 技术水平达到一定高度,且政府期望的技术水平高于企业利润最大化时的技术水平。

第四节 仿真分析

NEVs 在某市场的总规模 $D=1000$,且需求概率密度函数 $f(t)$ 服从 $(50, 15^2)$ 的正态分布。NEVs 市场处在 TALC 的 $t \in [20, 35]$ 阶段。NEVs 初始技术水平 $T_0 = 1$,技术水平增量 $\Delta T(I) = 0.2\sqrt{I}$,销售价格 $P=1.8$。消费者对价格的敏感程度 $\beta=0.3$,消费者对 NEVs 性能和技术水平的偏好 θ 服从参数为 $(0,1)$ 的二重指数分布。

表 6-1 显示的是不同情况下企业以销量最大化或技术达到一定水平为目标的最优解,表 6-2 显示的是不同情况下企业以销量约束下利润最大化为目标的最优解,包括企业的研发投资和相应产出以及政府的补贴策略等。

表 6-1　　不同情况下企业以销量最大化或技术达到一定水平为目标的最优解

企业资金约束 $\tilde{I}$	技术水平约束 $\tilde{T}$	政府资金约束 $\bar{S}$	补贴额 S	研发投资 I	技术水平增量 ΔT	实际需求率 ρ	销量 Q	企业利润 π
100	—	—	0	100	2	0.854	114.072	108.929
100	2.88	—	0	88.36	1.880	0.838	113.952	114.753
80	2.88	—	0	80	1.789	0.826	112.222	121.999

表6-2　不同情况下企业以销量约束下的利润最大化为目标的最优解

销量约束 $\tilde{Q}$	政府技术目标 $\bar{T}$	政府资金约束 $\bar{S}$	补贴政策 $S(\Delta T)$	补贴额 S	研发投资 I	技术水平增量 ΔT	实际需求率 ρ	销量 Q	企业利润 π
90	2	—	—	0	27.183	1.043	0.692	94.049	142.106
105	2	—	—	0	53.012	1.456	0.772	105	135.988
105	—	100	$S=55.41\Delta T$	100	81.440	1.805	0.828	112.534	221.534
105	2.7	100	$S=47.75\Delta T$	81.179	72.257	1.7	0.813	110.435	207.705
105	2.7	50	$S=33.27\Delta T$	50	56.475	1.503	0.781	106.103	184.516

表6-1第一行数据显示的是企业以研发资金约束下的销量最大化为决策目标时的最优解，可以看出，当企业以研发资金约束下的销量最大化为决策目标时，企业将投入所有研发投资资金，即 $I_1^* = \tilde{I} = 100$。该结论印证了本章命题6.3。

表6-1的第二行和第三行数据显示的是企业在研发资金约束下以NEVs的技术达到一定水平 $\tilde{T}$ 为决策目标时的最优解，可以看出，当企业以NEVs技术达到一定水平为决策目标时，若企业研发投资资金足够，企业将通过研发使NEVs技术水平刚好达到 $\tilde{T}=2.88$，即企业研发投资 $I_2^* = 86.36$，若企业研发投资资金不足，企业将投入所有研发投资资金，即 $I_2^* = 80$。该结论印证了本章命题6.4。

同时，由表6-1可以看出，当企业的决策目标是研发投资资金约束下的销量最大化，或NEVs的技术达到一定水平时，政府无须对企业进行研发成果补贴，即政府的最优研发成果补贴为 $S_1^* = S_2^* = 0$。该结论印证了本章命题6.5。

第六章　基于TALC和顾客选择的NEVs研发成果补贴策略研究

表6-2第一行数据显示的是企业研发投资使企业利润π最大化，同时使企业销量约束得到满足时的最优解。可以看出，此时的研发投资策略约为通过投资获得的最大利润，即企业最优研发投资额$I_3^* = \pi^{-1}(\pi^*) = 27.183$。表6-2第二行数据显示的是最大化企业利润的研发投资无法使企业销量约束得到满足时的最优解。可以看出，此时的研发投资策略为通过投资使其销量约束刚好得到满足，即投资$I_3^* = Q^{-1}(\tilde{Q}) = 53.012$，实现销量$Q = \tilde{Q} = 105$。该结论印证了本章命题6.6。

表6-2第三、第四和第五行数据显示的是政府给予补贴时的最优解。由表6-2第三行数据可以看出，当政府补贴目标是NEVs销量最大化时，政府会将其所有补贴资金用于激励企业，即政府设置补贴政策$S = 55.41\Delta T$，最终通过给予企业成果补贴$S_3^* = \bar{S} = 100$，使NEVs销量从94.049提高到112.534。由表6-2第四行和第五行数据可以看出，当政府期望通过成果补贴使NEVs技术达到一定水平，且政府期望的技术水平高于企业利润最大化时的技术水平时，若政府资金足够，政府将补贴政策设计为$S = 47.75\Delta T$，给予企业成果补贴$S_3^* = 81.179$，激励企业将NEVs技术水平提高到政府期望值$T = \bar{T} = 2.7$。若政府资金不足，政府将补贴政策设计为$S = 33.27\Delta T$，按其资金上限给予企业成果补贴$S_3^* = 50$，只需将NEVs技术水平提高到$T = 2.503$。该结论印证了本章命题6.7。

综合表6-1和表6-2可以看出，虽然政府向企业提供研发成果补贴可以有效增加企业研发投资和利润，提高NEVs技术水平和销量，但是其应用范围较小。当企业本身就在追求NEVs技术水平和销量时，研发成果补贴对企业起不到激励作用。只有在企业追求利润最大化，而政府追求销量最大化或技术水平，且政府期望的技术水平高于企业的期望时，才会对企业起到激励作用。而且由表

6-1第三行数据可以发现,作为一种事后补贴,在企业受到资金约束而无法将 NEVs 技术水平提高到其期望值时,成果补贴也无法解决企业的困境。而资金困境是很多企业在研发过程中常见的问题,也是阻碍很多产品技术水平提升的主要因素之一。显然,若政府期望提升 NEVs 技术水平,提高企业和产业竞争力,政府就不应仅仅采用成果补贴这一种方式,而需要结合一些事前补贴的方式解决企业资金困境,更好地激励企业更大幅度地提升 NEVs 技术水平和企业竞争力。该结论印证了本章命题6.8。

第七章　基于 TALC 和顾客选择的 NEVs 绿色信贷补贴策略研究

考虑 NEVs 处于 TALC 的第二阶段并结合 NEVs 顾客在该阶段的心理特征和选择偏好，本章构建绿色信贷补贴下 NEVs 企业研发投资规划模型，通过理论模型分析和数值模拟，求解顾客的购买决策、NEVs 企业的最优研发投资策略和政府的最优绿色信贷补贴政策，并分析政府绿色信贷补贴政策对 NEVs 企业研发策略的影响，探讨政府如何通过提供绿色信贷补贴政策来增加 NEVs 企业的研发投入，为政府调整和优化绿色信贷补贴政策提供理论参考。

第一节　问题的提出

当前，NEVs 技术发展处于创新扩散的早期阶段，政府补贴是确保 NEVs 产业发展以及 NEVs 研发投入的重要保障（Chen 等，2018；Wang 等，2015）。其中，中国政府将银行、风险投资等金融机构引入支持激励体系作为创新政府补贴政策中最重要的方式（Zhang 等，2011；Huang 等，2015）。具体而言，银行通过向 NEVs 制造商提供绿色信贷来缓解企业的资金约束，降低创新的不确定性。Aizawa 和 Yang（2010）提出绿色信贷政策是中国绿色政策中最先进的。Chen 等（2019）利用 24 家环保上市公司的面板数据发现，绿色信贷与制造商研发水平之间存在正相关关系。He 等（2019）通过对中国 150 家可再生能源上市公司进行调研，指出绿色信贷政策对于促进研发投资是必要的。Li 等（2018）构建了企业、银行和政府之间的博弈模型，证明了绿色贷款补贴提高了企业技术创新意愿。Corsatea 等（2014）分析了 2002—2011 年 10 家风电企业的研究投资，发现绿色信贷是支持技术研究投资的主要因素。Harris 和 Navarro 指出（2000），有针对性的绿色贷款项目是促进风能项目的有效手段。Ling 等（2020）建议中国的绿色信贷政策应更多地关注企业的技术创新。尽管绿色信贷政策在促进 NEVs 的发展中具有独特作用，但鲜有研究考虑绿色信贷补贴政策下 NEVs 企业研发投资策略及消费者选择。

此外，政府在制定相关激励政策和激发企业研发投入方面并未考虑消费者的重要作用，因而导致大量 NEVs 产品不能满足消费者需求，造成政府激励政策效果不佳和销量低迷。基于此，越来越多的研究呼吁在研究 NEVs 相关议题时要关注消费者独特选择行为。Moore（2002）指出，NEVs 存在 TALC，且可分为四个阶段，每个阶段消费者对 NEVs 的偏好是不同的。He 等（2019）发现，中国大部分电动汽车购买者有个人创新性和环境关注两种性格。Hackbarth 和 Madlener（2013）发现，在买家的偏好中，替代燃料汽车的主要考虑因素是燃油经济性、减排和行驶里程。Helveston 等（2015）发现，中国消费者愿意采用纯电动汽车和中端插电式混合动力汽车，而美国消费者更喜欢低端插电式混合动力汽车。Sousa 等（2020）发现电动汽车对城市司机的吸引力要比通用汽车大得多。尽管在 NEVs 市场上，消费者选择偏好是考虑的重要因素，但鲜有研究将其与绿色信贷补贴政策结合起来研究其对 NEVs 研发投入策略的影响作用。

基于此，本章考虑 NEVs 处于 TALC 的第二阶段并结合 NEVs 顾客在该阶段的心理特征和选择偏好，构建了绿色信贷补贴下 NEVs 企业制造商研发投资规划模型，重点讨论了 NEVs 企业制造商的研发投资策略、绿色信贷补贴政策效果以及顾客的购买决策。

第二节 研究设计

一 问题描述

根据 TALC（Moore，2002），NEVs 处于该周期的第二阶段，消费者被归类为早期采用者。他们易于想象、理解和发现 NEVs 的优点并将这些优点与他们关心的其他问题相匹配，如渗漏、容量、电池范围和其他技术参数和性能。一旦他们发现了一个强有力的匹配就会购买，而且在他们的购买决策中并不依赖已确立的参考，相反，他们更喜欢依靠自己的直觉和远见。因此，早期采用者是下一阶段开拓 NEVs 市场的关键参与者和受众群体。进一步，早期采用者对 NEVs 的心理效用和技术偏好存在明显的差异化，因而他们购买 NEVs 所获取的效用不同，对相关价格敏感性也存在差异。

在 NEVs 技术采用的早期阶段，首先，NEVs 因技术和产品的规模不经济，其产品的盈利水平较低。其次，NEVs 研发资金需求大，研发动力不足，导致企业资金缺口大。最后，消费者对新产品的熟悉程度较低，因而企业对消费者接受 NEVs 的程度不好把控，无法较好地了解消费者的选择行为，导致 NEVs 与消费者需求不匹配，销量不高。因此，政府应该提供绿色信贷解决他们的财务问题。企业在制定研发投资策略时，应考虑技术生命周期所处的阶段和消费者的选择行为。

为了支持和激励 NEVs 企业开展更多的主动研发行为，致力于强化"造血"功能，政府决定结合企业研发资金的约束，提供绿色信贷（包括银行贷款、政府补贴利息支付）。其目的在于解决企业研发资金不足的问题，鼓励其加大研发投入，提高 NEVs 技术水平，为 NEVs 消费者带来更高的效用，让消费者愿意购买 NEVs。同时，销量的大幅增加提高了焦点制造商的竞争力，为其在 NEVs TALC 的后续阶段赢得更大的市场奠定了基础。

基于此，绿色信贷下的政府、企业和消费者展开如下的决策顺序。首先，政府根据产业发展所处阶段、产品技术水平、制造商的研发能力和资金以及现阶段消费者的选择行为，制定绿色信贷政策。其次，NEVs 制造商综合自身研发能力、资金、产品技术水平和政府提供的绿色信贷政策制定自己的研发投资活动，以此满足消费者需求。最后，消费者基于自我需求偏好和效用，同时考虑 NEVs 的价格和技术，做出购买决策。

二　模型建立

NEVs 在某市场的总规模，即潜在总需求为 D，且处在 TALC 的第二阶段，即需求概率密度函数 $f(t)$ 服从 (μ, σ^2) 的正态分布的 $t \in [\mu - 2\sigma, \mu - \sigma]$ 阶段。在该阶段，消费者根据自身对 NEVs 性能、产品技术参数偏好 T、价格 P 以及对价格的敏感程度 β 等因素，并将这些因素进行匹配以制定购买决策。其购买决策标准是最大化净效用 $U = T - \beta P + \theta$，且净效用非负。其中，θ 为消费者结合其需求等因素对 NEVs 性能和技术水平 T 产生的判断和偏好。

每个消费者对 NEVs 性能和技术水平的偏好各不相同,且服从参数为(0,1)的二重指数分布(该分布函数是描述消费者对产品独特偏好的最常见的拟合函数)(Ewing 和 Sarigöllü,2000)。当消费者购买 NEVs 获得的净效用非负时,消费者就会购买 NEVs,其潜在需求才能转化为实际需求(以下简称"实际需求率")。

为了激励 NEVs 企业研发投入,政府以 NEVs 销量 Q 最大化或 NEVs 技术达到一定标准为目标,向企业提供绿色信贷,由银行向企业发放贷款 L 并收取利息 rL,其中,r 为利率,政府将以企业研发投入 I 的一定比例 δ 向企业提供贴息。换言之,政府贴息比例是企业研发投入 I 的函数,即 $\delta = \delta(I)$,$\delta \geq 0$。因此,政府的贴息支出为 $S = \delta rL$,其中,当 $\delta \leq 1$ 时,政府仅补贴企业利息支出;当 $\delta > 1$ 时,政府不仅补贴企业全部利息支出,而且替企业偿还部分贷款本金。由于资金限制,政府的贴息支出上限为 $\overline{S}$。

NEVs 企业以价格 P 向市场销售 NEVs,其单位生产成本为 C。由于单位生产成本为固定常数,对本章分析结果不产生任何影响,只是增加公式和模型的复杂度,因此,本章将其简化为 0。考虑到 NEVs 技术水平是影响该阶段消费者购买决策的核心因素,企业需要制定合理的 NEVs 技术研发投资决策,从而提升 NEVs 的销量和企业自身的利润。由于政府在企业制定研发投资决策前已经制定了绿色信贷政策,企业会根据政府的绿色信贷政策,结合对该阶段消费者特征的了解,制定研发投资决策以及相应的需要达到的 NEVs 技术水平。由于 NEVs 处于 TALC 的第二阶段,已经达到一定的技术水平 $\underline{T}$,企业的研发投入是在 $\underline{T}$ 的基础上提升 NEVs 技术水平 T,即 $T(I) = \underline{T} + \Delta T(I)$,其中,$\Delta T(I)$ 为企业研发投资 I 带来的 NEVs 技术水平增量,$\Delta T(I)$ 满足 $\Delta T(0) = 0$,$\Delta T'(I) > 0$,$\Delta T''(I) < 0$,其中,$\Delta T'(I) > 0$ 表示企业研发投入始终能提升 NEVs

技术水平，$\Delta T'(I) < 0$ 表示企业研发投入的边际效用递减。

虽然盈利对于 NEVs 企业来说非常重要，但在 NEVs 的 TALC 第二阶段，其主要任务是为下一阶段在更大的市场中获得尽可能多的消费者打下坚实的基础。因此，企业在这个阶段的目标不仅仅是利润最大化。一般而言，为了提高竞争力，NEVs 厂商在研发资金的约束下，也会以实现 NEVs 销量最大化或将 NEVs 技术提升到一定水平为目标。

命 NEVs 实际需求率为 ρ，则 NEVs 销量为：

$$Q = \int_{\mu-2\sigma}^{\mu-\sigma} \rho D f(t) \, dt \quad (7-1)$$

企业销售收入为：

$$R = \int_{\mu-2\sigma}^{\mu-\sigma} P\rho D f(t) \, dt \quad (7-2)$$

企业利润为：

$$\pi = R - I - (1-\delta)rL \quad (7-3)$$

由此可得，当政府实施绿色信贷的目标是 NEVs 销量最大化时，政府面临如下的规划问题：

$$\max_{\delta} Q \quad (7-4)$$

$$\text{s.t. } \delta rL \leq \overline{S} \quad (7-5)$$

$$\delta \geq 0 \quad (7-6)$$

其中，式（7-4）为政府决策目标，即通过制定给予企业的绿色信贷贴息比例 δ，最大化 NEVs 的销量；式（7-5）和式（7-6）分别为贴息支出资金约束和贴息比例非负约束。

当政府的绿色信贷目标是 NEVs 的技术达到一定水平 $\overline{T}$ 时，表明政府通过综合考虑认为 NEVs 的技术水平在当前阶段达到 $\overline{T}$ 已经足够。因此，在 NEVs 技术水平达到 $\overline{T}$ 时，政府就会认为没有必要继续采用贴息的方式,以政府的资金投入来激励企业提高研发投入,但政府愿意向企业提供不贴息的绿色信贷,即政府可以通过没有资金投入的绿色信贷来支持企业尽可能提高技术水平。命 $I(\overline{T})$ 表示 NEVs 技术水平为 $\overline{T}$ 时的企业研发投入,则政府面临如下规划问题:

$$\max_{\delta} T \tag{7-7}$$

$$\text{s.t.} \ \delta rL \leq S(I(\overline{T})) \tag{7-8}$$

$$\delta rL \leq \overline{S} \tag{7-9}$$

$$\delta \geq 0 \tag{7-10}$$

其中,式(7-7)为政府决策目标,即通过制定给予企业的绿色信贷贴息比例 δ,最大化 NEVs 的技术水平;式(7-8)为贴息支出上限约束,表明当技术水平超过 $\overline{T}$ 时,政府就不会再提高补贴额;式(7-9)和式(7-10)分别为贴息支出资金约束和贴息比例非负约束。

在政府制定出绿色信贷政策后,企业会根据政府的绿色信贷政策制定其研发策略。在此之前,企业需要确定政府能提供的最大贴息比例 $\overline{\delta}$ 以及企业能获得的最大绿色信贷额 $\overline{L}$。

若政府替企业偿还部分利息,或利息加上部分本金,联立求解 $\overline{S}=\delta rL$ 和 $R=[(1-\delta)r+1]L$,可得最大贴息比例 $\overline{\delta}$ 和最大绿色信贷额 $\overline{L}$ 分别为:

$$\overline{\delta}_1 = \frac{(1+r)\overline{S}}{r(R+\overline{S})} \tag{7-11}$$

$$\overline{L}_1 = \frac{R+\overline{S}}{1+r} \tag{7-12}$$

若政府替企业偿还所有利息和本金,联立求解 $\overline{S}=\delta rL$ 和 $\overline{S}=(1+r)L$,可得最大贴息比例 $\overline{\delta}$ 和最大绿色信贷额 $\overline{L}$ 分别为:

$$\bar{\delta}_2 = \frac{1+r}{r} \quad (7-13)$$

$$\bar{L}_2 = \frac{\bar{S}}{1+r} \quad (7-14)$$

若政府只提供绿色信贷，不贴息，联立求解 $\delta=0$ 和 $R = [(1-\delta)r+1]L$，可得最大贴息比例 $\bar{\delta}$ 和最大绿色信贷额 $\bar{L}$ 分别为：

$$\bar{\delta}_3 = 0 \quad (7-15)$$

$$\bar{L}_3 = \frac{R}{1+r} \quad (7-16)$$

显然，$\bar{L}_1 > Max\{\bar{L}_2, \bar{L}_3\}$。

当企业决策目标为研发投资资金约束下的销量最大化时，企业面临如下的规划问题：

$$\max_I Q \quad (7-17)$$

$$\text{s.t. } I \leq \tilde{I} + L \quad (7-18)$$

$$[(1-\delta)r+1]L \leq R \quad (7-19)$$

$$I \geq 0 \quad (7-20)$$

其中，式（7-17）为企业决策目标，即通过对 NEVs 技术研发投资进行决策，实现 NEVs 销量的最大化；式（7-18）为研发资金约束，$\tilde{I}$ 为自有资金量；式（7-19）为企业对绿色信贷支付的约束，即偿还贷款总额不超过其销售收入；式（7-20）为研发投入的非负约束。

当企业的决策目标是在研发资金约束下 NEVs 的技术达到一定水平 $\tilde{T}$ 时，表明企业通过综合考虑认为 NEVs 的技术水平在当前阶段达到 $\tilde{T}$ 已经足够，没有必要再继续提高技术水平，或者再继续进行研发投资会因为投资的边际效用递减而变成非常不经济的行为。因此，在 NEVs 技术水平达到 $\tilde{T}$ 时，企业就不愿再承担任何研发成本，但在不承担研发成本的情况下仍然愿意尽可能提高 NEVs 技术

水平,进而提高 NEVs 销售量和企业竞争力。换言之,企业面临如下规划问题:

$$\max_I T \quad (7-21)$$
$$\text{s.t.} \ I \leqslant I(\tilde{T}) \quad (7-22)$$
$$I \leqslant \tilde{I} + L \quad (7-23)$$
$$[(1-\delta)r+1]L \leqslant R \quad (7-24)$$
$$I \geqslant 0 \quad (7-25)$$

其中,式 (7-21) 为企业决策目标,式 (7-22) 为技术水平约束,式 (7-23) 为研发投资资金约束,式 (7-24) 为绿色信贷支出约束,式 (7-25) 为投资额非负约束。

消费者面临如下的决策问题:

$$\max_{buy\ or\ not} U \quad (7-26)$$
$$\text{s.t.} \ U \geqslant 0 \quad (7-27)$$

其中,式 (7-26) 为消费者决策目标,即通过 NEVs 购买决策的制定,最大化自身净效用;式 (7-27) 为消费者净效用非负约束。

第三节 模型分析

本节利用逆向归纳的方法,得到企业政府和消费者在 NEVs 研发投资过程中的最优决策。首先,当消费者面对 NEVs 时,他们会根据自己的效用函数做出购买决定。假设产品 0 为消费者放弃购买 NEVs,产品 1 为消费者决定购买 NEVs。我们可以得到 NEVs 的实际需求率,即:

$$\rho = \rho_1 = P\{U_i = \max_{i=0,1} U_i\} = \frac{e^{v_i}}{1 + \sum_{i=0}^{1} e^{v_i}} \quad (7-28)$$

其中，$v_i = T_i - \beta_i P_i$，$T_0 - \beta_0 P_0 \equiv 0$，$T_1 - \beta_1 P_1 = T - \beta P$。因此，式（7-28）可以变成：

$$\rho = \frac{e^{T-\beta P}}{2 + e^{T-\beta P}} \qquad (7-29)$$

命题 7.1 企业应通过技术研发投资使其 NEVs 的技术水平至少达到 $T = \beta P (1 + \ln 2)$，即至少使实际需求率达到 $\rho = \frac{2^{\beta P}}{2 + 2^{\beta P}}$。

证明：求实际需求率关于技术水平的一阶偏导数可得 $\frac{\partial \rho}{\partial T} = \frac{2 e^{T + \beta P}}{(e^T + 2 e^{\beta P})^2} > 0$，求实际需求率关于技术水平的二阶偏导数可得 $\frac{\partial^2 \rho}{\partial T^2} = \frac{2 e^{T + \beta P} (2 e^{\beta P} - e^T)}{(e^T + 2 e^{\beta P})^3}$。显然，当 $T < \beta P (1 + \ln 2)$ 时，$2 e^{\beta P} > e^T$ 且 $\frac{\partial^2 \rho}{\partial T^2} > 0$。因此，在企业将 NEVs 技术水平提高到 $T = \beta P (1 + \ln 2)$ 之前，技术水平的提高对于提升实际需求率的边际效应而言处于递增阶段，提高技术水平对企业提高 NEVs 销量和销售收入都是有利的。将 $T = \beta P (1 + \ln 2)$ 代入式（7-29）可得 $\rho = \frac{2^{\beta P}}{2 + 2^{\beta P}}$。因此，企业至少应将 NEVs 技术水平提升到 $T = \beta P (1 + \ln 2)$，使实际需求率达到 $\rho = \frac{2^{\beta P}}{2 + 2^{\beta P}}$。

命题 7.1 证毕。

命题 7.1 表明，在 NEVs 技术水平提升的早期阶段，提高技术水平的边际效用不断增大。也就是说，随着技术水平的提高，技术水平每增加一个单位，实际需求率就会增加更多，或者说会吸引更多的消费者。因此，企业可以通过提高技术水平，更有效地提高 NEVs 的销量和收入。这主要是因为在早期阶段，有大量环保意识强、对 NEVs 性能和技术水平要求低的潜在消费者，这些潜在消费者很容易被技术水平的提高所吸引,特别是当他们满足于企业在相当高的技术水平上不断提高 NEVs 的技术水平时。基于此,同样的技术增量会吸引更多的消费者购买 NEVs。但随着 NEVs 技术水平达到一定程度,这些消费者大多选择购买 NEVs,可吸引的消费者数量大大减少。此外,这些潜在消费者对 NEVs 的性能和技术要求也很高。因此,提高技术水平的边际效用降低,同样的技术水平的增加能够吸引的消费者数量会越来越少。

命题 7.2 NEVs 实际需求率 ρ 随着 NEVs 初始技术水平 $\underline{T}$ 的增大而增大;随着消费者对 NEVs 价格的敏感程度 β 的增大而减少。

证明:分别对 NEVs 实际需求率 ρ 求 NEVs 初始技术水平 $\underline{T}$ 和消费者对 NEVs 价格的敏感程度 β 的一阶偏导数,可得 $\frac{\partial \rho}{\partial \underline{T}} = \frac{2e^{T+\beta P}}{(e^T + 2e^{\beta P})^2} > 0$,$\frac{\partial \rho}{\partial \beta} = \frac{-2Pe^{T+\beta P}}{(e^T + 2e^{\beta P})^2} < 0$。因此,$\rho$ 为 $\underline{T}$ 的严格递增函数,为 β 的严格递减函数。换言之,NEVs 实际需求率 ρ 随着 NEVs 初始技术水平 $\underline{T}$ 的增大而增大,随着消费者对 NEVs 价格的敏感程度 β 的增大而减少。

命题 7.2 证毕。

命题 7.2 表明,NEVs 的实际需求率随着 NEVs 初始技术水平的提高而增加。这主要是由于 NEVs 的技术水平随着初始技术水平的提高而提高,即使研发投入和相应的技术水平的增量 T 不变,考虑到 NEVs 的价格和消费者的价格敏感性一定时,购买 NEVs 的消费者净效用非负,因此,NEVs 的实际需求率较大。同时,消费者对价格的敏感性越大,购买 NEVs 的消费者负效用越大,净效用越小。因此,非负净效用的消费者数量较小,NEVs 的实际需求率也较小。

由命题 7.2 可知,在 TALC 的各个阶段开始时,较高的 NEVs 初始技术水平有利于企业在此阶段开发 NEVs 市场。这也是政府和企业迫切希望在第二阶段提高 NEVs 的技术水平,为下一阶段更多的 NEVs 需求打下坚实基础的主要原因。

我们也可以发现他们不遗余力地宣传 NEVs 的主要原因之一就是为了提高消费者的环保意识和对 NEVs 环保性能的了解。从而降低消费者对 NEVs 价格的敏感性,刺激更多消费者购买 NEVs。

接下来,我们将求解 NEVs 企业的研发投资策略。将式(7-29)分别代入式(7-1)和式(6-2),可得 NEVs 销量 Q 和企业利润 π 分别为:

$$Q = \int_{\mu-2\sigma}^{\mu-\sigma} \frac{e^{T+\Delta T(I)-\beta P}}{2 + e^{T+\Delta T(I)-\beta P}} Df(t) \, dt \qquad (7-30)$$

$$\pi = \int_{\mu-2\sigma}^{\mu-\sigma} \frac{e^{T+\Delta T(I)-\beta P}}{2 + e^{T+\Delta T(I)-\beta P}} PDf(t) \, dt - I - (1-\delta)rL \qquad (7-31)$$

由式(7-30)和式(7-31)可以看出,企业利润 π 是企业研发投资额 I、绿色信贷金额 L、信贷利率 r 和政府贴息比例 δ 的函数,而 NEVs 销量 Q 仅为企业研发投资额 I 的函数。但是由于企业研发投资额 I 不仅包括企业自有资金,也包括绿色信贷金额 L,同时绿色信贷金额又受到信贷利率 r 和政府贴息比例 δ 的影响,因此,NEVs 销量 Q 也是企业研发投资额 I、绿色信贷金额 L、信贷利率 r 和政府贴息比例 δ 的函数。

一 销量最大化目标下的最优解

当企业以研发投资资金约束下的销量最大化为决策目标时,需要求解式(7-17)至式(7-20),由此可得命题 7.3。

第七章 基于TALC和顾客选择的NEVs绿色信贷补贴策略研究

命题7.3 当企业的决策目标为研发投资资金约束下的销量最大化时,企业的研发投资策略为投入所有研发投资资金,即 $I_1^* = \tilde{I} + \dfrac{R}{(1-\delta)r+1}$,此时的实际需求率 $\rho_1^* = \dfrac{e^{T(I_1^*)-\beta P}}{2+e^{T(I_1^*)-\beta P}}$。

证明:由式(7-1)和式(7-29)可知,企业研发投资额越大,NEVs实际需求率越大,销量也越大。因此,若企业在资金约束下期望销量最大化,必然投入所有研发资金,包括企业的所有自有资金 $\tilde{I}$ 以及最高绿色信贷额,即贷款额加上利息支出刚好等于企业NEVs销售收入,即 $L = \dfrac{R}{(1-\delta)r+1}$。由此可得企业最优研发投入 $I_1^* = \tilde{I} + \dfrac{R}{(1-\delta)r+1}$,将 I_1^* 代入式(7-29)可得实际需求率 $\rho_1^* = \dfrac{e^{T(I_1^*)-\beta P}}{2+e^{T(I_1^*)-\beta P}}$。

命题7.3证毕。

由命题7.3可知,在政府的绿色信贷政策中,最优研发投资 I_1^* 和NEVs实际需求率 ρ_1^* 是贴现率 δ 的函数。因此,政府会根据两者的关系制定绿色信贷政策,以鼓励企业加大研发投入,实现政府的目标,由此可得命题7.4。

命题7.4 若企业目标是追求NEVs销量最大化且政府实施绿色信贷的目标是NEVs销量最大化时,政府将向企业提供绿色信贷并将最优贴息比例制定为 $\delta_1^* = \bar{\delta}_1$。

当政府目标是NEVs的技术达到一定水平 $\bar{T}$ 时,首先,若 $T_1^*(I_1^* = \tilde{I} + \bar{L}_3) \geq \bar{T}$,政府的绿色信贷政策是提供绿色信贷,但不贴息,即其最优贴息比例为 $\delta_1^* = 0$;其次,若 $T_1^*(I_1^* = \tilde{I} + \bar{L}_3) < \bar{T} \leq T_1^*(I_1^* = \tilde{I} + \bar{L}_1)$,政府的绿色信贷政策是提供绿色信贷,且通

过提供贴息使 $T_1^* = \overline{T}$，即最优贴息比例为 $T_1^* = \overline{T}$；最后，若 T_1^* ($I_1^* = \widetilde{I} + \overline{L}_1$) $< \overline{T}$，政府的绿色信贷政策是提供绿色信贷，且最优贴息比例为 $\delta_1^* = \overline{\delta}_1$。

证明：由命题 7.3 可知，由于企业目标是 NEVs 销量最大化，企业会投入所有自有资金和所能获得的最大绿色信贷额，因此，希望 NEVs 销量越大越好的政府一定会尽可能使企业获得更多的绿色信贷。

由命题 7.2 以及 $\Delta T'(I) > 0$ 和 $I_1^* = \widetilde{I} + \dfrac{R}{(1-\delta)r+1}$ 可知，贴息比例为 δ 越大，NEVs 技术水平越高，销量越大，因此，当政府目标是 NEVs 销量最大化时，政府将按照其资金上限对企业进行贴息，即最优贴息比例为 $\delta_1^* = \overline{\delta}_1$。

如果政府的目标是实现一定水平的 NEVs 技术，那么会出现三种情况。

第一，若 $T_1^*(I_1^*(\delta=0)) = T_1^*(I_1^* = \widetilde{I} + \overline{L}_3) \geqslant \overline{T}$，则政府无须提供利息补贴即可实现其目标，因此政府不提供利息补贴。但为了使 NEVs 的销量尽可能大，政府会为企业提供绿色信贷。因此，政府的绿色信贷政策是提供利率贴现率最优的绿色信贷，即 $\delta_1^* = 0$。

第二，若 $T_1^*(I_1^* = \widetilde{I} + \overline{L}_3) < \overline{T} \leqslant T_1^*(I_1^*(\delta = \overline{\delta}_1)) = T_1^*$ ($I_1^* = \widetilde{I} + \overline{L}_1$)，政府需要通过贴息才能达到目标，且政府资金足够实现其目标，政府就会通过补贴使 $T_1^* = \overline{T}$，求解 $I_1^* = \widetilde{I} + \dfrac{R}{(1-\delta)r+1}$ 可得最优贴息比例为 $\delta_1^* = \dfrac{(1+r)[I(\overline{T}) - \widetilde{I}] - R}{r[I(\overline{T}) - \widetilde{I}]}$。

第三，若 $T_1^*(I_1^* = \widetilde{I} + \overline{L}_1) < \overline{T}$，政府即使将所有资金都用于

贴息也无法使 $T_1^* = \overline{T}$。因为贴息比例为 δ 越大，NEVs 技术水平越高，所以，政府会按照其资金上限对企业进行贴息，即最优贴息比例为 $\delta_1^* = \overline{\delta_1}$。

命题 7.4 表明，当企业以 NEVs 销量最大化为目标时，无论政府的目标是什么，政府都肯定会给企业提供最大的绿色信贷，以尽可能提高 NEVs 的技术水平和销量。这主要是因为，当企业的目标是实现 NEVs 销量最大化时，企业拥有的资金越多越好。因此，企业总是面临资金缺口，总是需要最大的绿色信贷。

因为企业的最优研发投入 I_1^* 和 NEVs 实际需求率 ρ_1^* 均为政府绿色信贷政策中贴息比例 δ 的函数，所以，在政府制定出绿色信贷政策后，企业会据此制定出研发策略。

二 技术水平约束目标下的企业决策

当企业的决策目标是 NEVs 的技术达到一定水平 $\widetilde{T}$ 时，需要求解式（7-21）至式（7-25）。可得命题 7.5 如下。

命题 7.5 当企业在资金约束下以 NEVs 的技术达到一定水平 $\widetilde{T}$ 为决策目标时，若 $T(I = \widetilde{I} + L) \geq \widetilde{T}$，企业的研发投资策略是投入使技术水平达到 $\widetilde{T}$ 的资金，即 $I_2^* = \Delta T^{-1}(\widetilde{T} - \underline{T})$，此时 $\rho_2^* = \dfrac{e^{\widetilde{T} - \beta P}}{2 + e^{\widetilde{T} - \beta P}}$；若 $T(I = \widetilde{I} + L) < \widetilde{T}$，企业的研发投资策略为投入所有研发投资资金，即 $I_2^* = \widetilde{I} + L$，此时的实际需求率为 $\rho_2^* = \dfrac{e^{T(\widetilde{I} + L) - \beta P}}{2 + e^{T(\widetilde{I} + L) - \beta P}}$。

证明：由命题 7.1 和式（7-21）至式（7-25）可知，NEVs 技术水平越高，实际需求率越大，NEVs 销量越大。由于企业只希望将技术水平提高到 $\tilde{T}$，因此，企业此时的投资决策是尽可能将技术水平提高到 $\tilde{T}$，同时最多提高到 $\tilde{T}$。

由此可得，当 $T(I=\tilde{I}+L) \geq \tilde{T}$，企业资金足够将技术水平提高到 $\tilde{T}$ 时，企业会通过投资将技术水平从 $\underline{T}$ 提高到 $\tilde{T}$，即 $\Delta T(I_2^*) = \tilde{T} - \underline{T}$。换言之，企业研发投资 $I_2^* = \Delta T^{-1}(\tilde{T} - \underline{T})$，将其代入式（7-29）可得 $\rho_2^* = \dfrac{e^{\tilde{T} - \beta P}}{2 + e^{\tilde{T} - \beta P}}$。

当 $T(I=\tilde{I}+L) < \tilde{T}$ 且企业资金不足时，由于企业研发投入越多，NEVs 技术水平越高，因此，企业研发投资 $I_2^* = \tilde{I} + L$，相应地，其实际需求率为 $\rho_2^* = \dfrac{e^{T(\tilde{I}+L) - \beta P}}{2 + e^{T(\tilde{I}+L) - \beta P}}$。

命题 7.5 证毕。

由命题 7.5 可知，当企业以 NEVs 的技术达到一定水平为决策目标时，企业的最优研发投入 I_2^* 和 NEVs 实际需求率 ρ_2^* 均为政府绿色信贷政策中贴息比例 δ 的函数，因此，政府会根据其函数关系制定绿色信贷政策。由此可得命题 7.6 和命题 7.7。

命题 7.6 当企业的目标是将 NEVs 的技术提高到一定水平 $\tilde{T}$ 时，如果政府实施绿色信贷的目标是使 NEVs 销量最大化，则：

若 $T(\tilde{I}) < \tilde{T}$，会出现四种情况：一是当 $T(I=\tilde{I}+\bar{L}_3) \geq \tilde{T}$ 且 $T(I=\bar{L}_2) \leq \tilde{T}$ 时，政府的绿色信贷政策是提供绿色信贷，但不贴息，即最优贴息比例为 $\delta_2^* = 0$；二是当 $T(I=\tilde{I}+\bar{L}_3) < \tilde{T} \leq T(I=\tilde{I}+\bar{L}_1)$ 且 $T(I=\bar{L}_2) \leq \tilde{T}$ 时，政府的绿色信贷政策是通过贴息绿色信贷使 NEVs 技术水平刚好达到 $\tilde{T}$，即最优贴息比例为 $\delta_2^* = \dfrac{(1+r)[I(\tilde{T}) - \tilde{I}] - R}{r[I(\tilde{T}) - \tilde{I}]}$；三是当 $(I=\tilde{I}+\bar{L}_1) < \tilde{T}$，政府的绿色信贷政策是按照其资金上限对企业进行贴息，即最优贴息

比例为 $\delta_1^* = \bar{\delta}_1$；四是当 $T(I = \bar{L}_2) > \tilde{T}$，政府的绿色信贷政策是按照其资本上限偿还企业的全部本息，即最优贴现率为 $\bar{\delta}_2 = \dfrac{1+r}{r}$，绿色信贷的最优本金为 $\bar{L}_2 = \dfrac{\bar{S}}{1+r}$。

若 $T(\tilde{I}) \geqslant \tilde{T}$，会出现两种情况：一是当 $T(I = \bar{L}_2) \leqslant \tilde{T}$，政府的绿色信贷政策是不提供绿色信贷；二是当 $T(I = \bar{L}_2) > \tilde{T}$，政府的绿色信贷政策是按照其资本上限偿还企业的全部本息，即最优贴现率为 $\bar{\delta}_2 = \dfrac{1+r}{r}$，绿色信贷的最优本金为 $\bar{L}_2 = \dfrac{\bar{S}}{1+r}$。

证明：$T(\tilde{I}) < \tilde{T}$ 表明企业的自有资金不足以实现其决策目标，即只投入自有资金进行研发无法使 NEVs 技术水平达到其期望值。基于此，会出现四种情况。

第一，$T(I = \tilde{I} + \bar{L}_3) \geqslant \tilde{T}$ 表明政府不贴息时的绿色信贷已经足以支持企业实现其目标，$T(I = \bar{L}_2) \leqslant \tilde{T}$ 表明即使政府将所有资金都用于替企业偿还所有利息和本金，使企业获得免费绿色信贷，NEVs 技术水平仍然不会超过企业目标。当以上条件均成立时，政府需要通过绿色信贷支持企业，但政府不贴息时已经支持企业达到了目标，企业不再愿意为提升 NEVs 技术水平承担研发成本。这时政府即使提供免费绿色信贷，企业考虑的也是先将免费的绿色信贷用于将新能源技术水平从 $\underline{T}$ 提高 $\tilde{T}$，若免费的信贷不够再投入自有资金，那么提高到 $\tilde{T}$ 就不会再继续研发投入了。因此，若政府即使将所有资金都用于使企业获得免费绿色信贷，也无法激励企业将 NEVs 技术水平提高到超过企业目标，换言之，该绿色信贷政策的激励效果并不好于政府不贴息的激励效果，政府的最优绿色信贷政策就应该是提供绿色信贷，但不贴息，即最优贴息比例为 $\delta_2^* = 0$。

第二，若 $T(I=\tilde{I}+\bar{L}_3) < \tilde{T} \leq T(I=\tilde{I}+\bar{L}_1)$，且 $T(I=\bar{L}_2) \leq \tilde{T}$，政府需要通过贴息绿色信贷才能支持企业达到目标，但即使政府将所有资金都用于使企业获得免费绿色信贷，也不能激励企业将 NEVs 技术水平提高到超过企业目标。因此，政府的绿色信贷政策是提供绿色信贷并将贴息比例制定为使 NEVs 技术水平刚好达到 $\tilde{T}$，联立求解 $I(\tilde{T}) - \tilde{I} = L$ 和 $(1+r)L = \delta rL + R$，可得最优贴息比例为 $\delta_2^* = \dfrac{(1+r)[I(\tilde{T}) - \tilde{I}] - R}{r[I(\tilde{T}) - \tilde{I}]}$。

第三，如果 $T(I=\tilde{I}+\bar{L}_1) < \tilde{T}$，必须有 $T(I=\bar{L}_2) \leq \tilde{T}$。此时，即使政府用所有的资金支持企业获得更多的绿色信贷，也无法获得足够的资金将 NEVs 的技术水平提升到 $\tilde{T}$。由于研发投入越多，NEVs 的技术水平和销量越大，因此，政府以 NEVs 销量最大化为目标，根据其资金上限来设定贴现率，即最优贴现率为 $\delta_1^* = \bar{\delta}_1$。

第四，如果 $T(I=\bar{L}_2) > \tilde{T}$，政府用所有资金提供免费的绿色信贷，可以鼓励企业将 NEVs 的技术水平提高到超出其目标的水平，NEVs 销量进一步增加。因此，政府以 NEVs 销量最大化为目标，将其全部资金用于提供最大的免费绿色信用，即最优贴现率为 $\delta_2^* = \bar{\delta}_2 = \dfrac{1+r}{r}$，最优绿色信用本金为 $\bar{L}_2 = \dfrac{\bar{S}}{1+r}$。

$T(\tilde{I}) \geq \tilde{T}$ 表示企业自有资金足以实现其目标，基于此，会出现两种情况。

第一，如果 $T(I=\bar{L}_2) \leq \tilde{T}$，则企业不需要绿色信贷的支持，即使政府将其全部资金用于提供免费的绿色信贷，NEVs 的技术水平仍不会超过其目标。因此，政府的绿色信贷政策是不提供绿色信贷。

第二，如果 $T(I=\bar{L}_2) > \tilde{T}$，企业不需要绿色信贷的支持，但政府利用其全部资金提供免费的绿色信贷，可以鼓励企业将 NEVs 的技术水平提高到超出其目标的水平，NEVs 销量进一步增加。因此，以 NEVs 销量最大化为目标的政府将利用其所有资金提供最大的免费绿色信用，即最优贴现率为 $\delta_2^* = \bar{\delta}_2 = \dfrac{1+r}{r}$，最优绿色信用本金为 $\bar{L}_2 = \dfrac{\bar{S}}{1+r}$。

命题 7.6 证毕。

命题 7.7 当企业的目标是将 NEVs 的技术提高到一定水平 $\tilde{T}$，且政府的目标是将 NEVs 的技术提高到一定水平 $\bar{T}$ 时，会出现四种情况。

第一，如果 $T(\tilde{I}) < \tilde{T} < \bar{T}$，一是当 $T(I = \tilde{I} + \bar{L}_3) \geq \bar{T}$ 时，政府的绿色信贷政策是提供无利息补贴的绿色信贷，即最优贴现率为 $\delta_2^* = 0$；二是当 $T(I = \tilde{I} + \bar{L}_3) < \bar{T} \leq T(I = \tilde{I} + \bar{L}_1)$ 且 $T(I = \bar{L}_2) \leq \tilde{T}$ 时，政府的绿色信贷政策是使 NEVs 的技术水平达到 $\bar{T}$ 且最优绿色信贷折现率为 $\delta_2^* = \dfrac{(1+r)[I(\bar{T}) - \tilde{I}] - R}{r[I(\bar{T}) - \tilde{I}]}$；三是当 $T(I = \tilde{I} + \bar{L}_1) < \bar{T}$ 时，政府的绿色信贷政策是根据其资金上限设置贴现率，以支持企业获得最大的绿色信贷，即最优贴现率为 $\delta_2^* = \bar{\delta}_1 = \dfrac{(1+r)\bar{S}}{r(R+\bar{S})}$；四是当 $\bar{T} \leq T(I = \bar{L}_2)$ 时，政府的绿色信贷政策是提供免费的绿色信贷激励企业增加新能源的技术水平达到 $\bar{T}$，也就是说，最佳的贴现率是 $\delta_2^* = \bar{\delta}_2 = \dfrac{1+r}{r}$，最优的绿色信贷额度是 $\bar{L}_2 = I(\bar{T})$；五是当 $\tilde{T} < T(I = \bar{L}_2) < \bar{T}$ 时，政府的绿色信贷政策是利

用其所有资金提供免费绿色信贷,即最优贴现率为 $\delta_2^* = \bar{\delta}_2 = \frac{1+r}{r}$,最优绿色信贷额度为 $\bar{L}_2 = \frac{\bar{S}}{1+r}$。

第二,如果 $T(\tilde{I}) < \bar{T}$,一是当 $T(I = \tilde{I} + \bar{L}_3) \geqslant \bar{T}$ 时,政府的绿色信贷政策为提供无利息补贴的绿色信贷,即最优贴现率为 $\delta_2^* = 0$;二是当 $T(I = \tilde{I} + \bar{L}_3) < \bar{T} \leqslant T(I = \tilde{I} + \bar{L}_1)$ 时,政府的绿色信贷政策是使 NEVs 的技术水平达到 $\bar{T}$ 且最优绿色信贷折现率为 $\delta_2^* = \frac{(1+r)[I(\bar{T}) - \tilde{I}] - R}{r[I(\bar{T}) - \tilde{I}]}$;三是当 $T(I = \tilde{I} + \bar{L}_1) < \bar{T}$ 时,政府的绿色信贷政策根据其资本上限设置贴现率,以支持企业获得最大的绿色信贷,即最优贴现率为 $\delta_2^* = \bar{\delta}_1 = \frac{(1+r)\bar{S}}{r(R+\bar{S})}$。

第三,如果 $T(\tilde{I}) \geqslant \bar{T}$ 且 $\tilde{T} < \bar{T}$,一是当 $T(I = \bar{L}_2) \leqslant \tilde{T}$ 时,政府的绿色信贷政策为不提供绿色信贷;二是当 $\bar{T} < T(I = \bar{L}_2)$ 时,政府的绿色信贷政策是提供免费的绿色信贷,以激励企业提高技术水平至 $\bar{T}$,即最优贴现率为 $\delta_2^* = \bar{\delta}_2 = \frac{1+r}{r}$,最优绿色信贷额度为 $\bar{L}_2 = I(\bar{T})$;三是当 $\tilde{T} < T(I = \bar{L}_2) < \bar{T}$ 时,政府的绿色信贷政策是利用其所有资金提供免费绿色信贷,即最优贴现率为 $\delta_2^* = \bar{\delta}_2 = \frac{1+r}{r}$,最优绿色信贷额度为 $\bar{L}_2 = \frac{\bar{S}}{1+r}$。

第四,如果 $T(\tilde{I}) \geqslant \tilde{T} \geqslant \bar{T}$,则政府不提供绿色信用。

证明:$T(\tilde{I}) < \bar{T}$ 表示企业自身资金不足以实现其目标,$\tilde{T} < \bar{T}$ 表示政府对 NEVs 技术水平的目标高于企业。基于此,会出现五种情况。

第一,如果 $T(I = \tilde{I} + \bar{L}_3) \geqslant \bar{T}$ 且 $T(I = \bar{L}_2) \leqslant \tilde{T}$,企业达到

它的目标后对政府的绿色信贷补贴没有兴趣,即使政府使用所有基金提供免费的绿色信贷,NEVs 的技术水平 $\tilde{T}$ 仍然不会超过企业的目标。因此,政府的绿色信贷政策是提供无利息补贴的绿色信贷,即最优贴现率为 $\delta_2^* = 0$。

第二,如果 $T(I = \tilde{I} + \bar{L}_3) < \tilde{T} \leqslant T(I = \tilde{I} + \bar{L}_1)$ 且 $T(I = \bar{L}_2) \leqslant \tilde{T}$,政府必须支持企业通过绿色信贷利息补贴,与此同时,即使政府使用所有的基金提供免费绿色信贷,NEVs 的技术水平 $\tilde{T}$ 仍然不会超过企业的目标。因此,政府的绿色信贷政策是通过绿色信贷加上贴息,使 NEVs 的技术水平刚刚达到 $\tilde{T}$。根据命题 7.6,最优贴现率为 $\delta_2^* = \dfrac{(1+r)[I(\tilde{T}) - \tilde{I}] - R}{r[I(\tilde{T}) - \tilde{I}]}$。

第三,如果 $T(I = \tilde{I} + \bar{L}_1) < \tilde{T}$,政府无法支持企业将 NEVs 技术水平提升至 $\tilde{T}$。因此,政府的绿色信贷政策是根据其资金上限设置贴现率,以支持企业获得最大的绿色信贷,即最优贴现率为 $\delta_2^* = \bar{\delta}_1 = \dfrac{(1+r)\bar{S}}{r(R+\bar{S})}$。

第四,如果 $\bar{T} \leqslant T(I = \bar{L}_2)$,则政府利用所有资金提供免费绿色信贷,鼓励企业将 NEVs 的技术水平提高到超过政府目标 $\bar{T}$ 的水平。因此,政府的绿色信贷政策是通过免费绿色信贷使 NEVs 的技术水平达到 $\bar{T}$。此时,最优贴现率为 $\delta_2^* = \bar{\delta}_2 = \dfrac{1+r}{r}$,最优绿色信贷额度为 $\bar{L}_2 = I(\bar{T})$。

第五,如果 $\tilde{T} < T(I = \bar{L}_2) < \bar{T}$,政府将所有资金用于提供免费的绿色信贷,这可以鼓励企业将 NEVs 的技术水平提高到超出其目标水平 $\tilde{T}$,但仍不能达到政府的目标 $\bar{T}$。因此,政府的绿色信贷政策

是利用其全部资金提供免费绿色信贷,即最优贴现率为 $\delta_2^* = \bar{\delta}_2 = \frac{1+r}{r}$,最优绿色信贷额度为 $\bar{L}_2 = \frac{\bar{S}}{1+r}$。

如果 $T(\tilde{I}) < \tilde{T}$ 且 $\tilde{T} \geq \bar{T}$,则表明企业自身资金不足,且政府对 NEVs 技术水平的目标低于企业。基于此,会出现三种情况。

第一,如果 $T(I = \tilde{I} + \bar{L}_3) \geq \bar{T}$,则无利息补贴的绿色信贷足以支持企业实现政府的目标 $\bar{T}$。因此,政府的绿色信贷政策是提供无利息补贴的绿色信贷,即最优贴现率为 $\delta_2^* = 0$。

第二,如果 $T(I = \tilde{I} + \bar{L}_3) < \bar{T} \leq T(I = \tilde{I} + \bar{L}_1)$,政府必须提供绿色信贷贴息,且资金充足,以支持企业实现政府的目标 $\bar{T}$。因此,政府的绿色信贷政策是通过最优贴现率 $\delta_2^* = \frac{(1+r)[I(\bar{T}) - \tilde{I}] - R}{r[I(\bar{T}) - \tilde{I}]}$ 使 NEVs 的技术水平刚好达到 $\bar{T}$。

第三,如果 $T(I = \tilde{I} + \bar{L}_1) < \bar{T}$,即使政府用所有资金进行利息补贴,也不能支持企业将 NEVs 技术水平提高到 $\bar{T}$。因此,政府的绿色信贷政策是根据其资本上限提供补贴,即最优贴现率为 $\delta_2^* = \bar{\delta}_1 = \frac{(1+r)\bar{S}}{r(R+\bar{S})}$。

第四,$T(\tilde{I}) \geq \tilde{T}$ 且 $\tilde{T} < \bar{T}$,则企业自有资金足以实现其目标,且政府对 NEVs 技术水平的目标高于企业目标。政府只能提供免费的绿色信贷,鼓励企业进一步提高 NEVs 的技术水平。基于此,会出现四种情况。

其一,如果 $T(I = \bar{L}_2) \leq \tilde{T}$,即使政府将其全部资金用于免费绿色信贷,也无法激励企业提高 NEVs 的技术水平,以超过其目标 $\tilde{T}$。因此,政府不提供绿色信贷。

其二，如果 $\bar{T} < T\ (I = \bar{L}_2)$，政府将所有资金用于免费绿色信贷，这可以激励企业提高 NEVs 的技术水平，以超过其目标 $\bar{T}$。因此，政府的绿色信贷政策是提供免费的绿色信贷，以激励企业将技术水平仅提高到 $\bar{T}$，即最优贴现率为 $\delta_2^* = \bar{\delta}_2 = \dfrac{1+r}{r}$，最优绿色信贷额度为 $\bar{L}_2 = I\ (\bar{T})$。

其三，如果 $\tilde{T} < T\ (I = \bar{L}_2) < \bar{T}$，政府将所有资金用于免费绿色信贷，这可以激励企业将 NEVs 的技术水平提高到 $\tilde{T}$ 和 $\bar{T}$ 之间。因此，政府的绿色信贷政策是利用其全部资金提供免费绿色信贷，即最优贴现率为 $\delta_2^* = \bar{\delta}_2 = \dfrac{1+r}{r}$，最优绿色信贷额度为 $\bar{L}_2 = \dfrac{\bar{S}}{1+r}$。

其四，$T\ (\tilde{I}) \geqslant \tilde{T} \geqslant \bar{T}$，则企业自有资金足以实现其目标 $\tilde{T}$，政府的目标在企业实现其目标的过程中实现。因此，政府不提供绿色信贷。

证毕。

命题 7.6 和命题 7.7 表明，当企业的目标是实现 NEVs 技术的一定水平时，企业并不一定需要获得绿色信贷，政府也不一定需要提供绿色信贷。

由于企业的最优研发投资 I_2^* 与 NEVs 实际需求率 ρ_2^* 是政府绿色信贷政策 δ 中贴现率的函数，因此，政府将绿色信贷政策 δ_2^* 确定后，企业将相应地制定自己的研发策略。

由命题 7.4、命题 7.6、命题 7.7 可以得到命题 7.8。

命题 7.8 如果政府试图通过提供绿色信贷支持或鼓励企业增加研发投入，提高 NEVs 的技术水平和销量，则政府只需要在以下两种情况下进行。一是在企业研发资金不足时提供绿色信贷，在企业研发资金缺口过大时提供贴息。这时绿色信贷起到了辅助作用。二是当政府和企业都以达到一定的 NEVs 技术水平为目标且政府的目标高于企业目标时，政府提供免费的绿色信贷，即 $T(I=\bar{L}_2) > \tilde{T}$。这时绿色信贷起到了激励作用。

证明：命题 7.8 的证明可以从命题 7.4、命题 7.6、命题 7.7 的证明过程中得到。

证毕。

从命题 7.4、命题 7.6、命题 7.7 和命题 7.8 可以看出，对于企业来说，绿色信贷的本质是一种金融支持，主要是帮助企业解决研发资金不足的问题。它主要起支持作用，而不是激励作用。只有政府和企业的目标都是将 NEVs 技术提高到一定水平且政府的技术目标高于企业，同时政府提供的绿色信贷足够使企业将 NEVs 技术水平提升到高于企业的目标，即 $T(I=\bar{L}_2) > \tilde{T}$，政府提供的免费绿色信贷才能起到激励作用。

从命题 7.4、命题 7.6、命题 7.7、命题 7.8 中还可以发现，无论绿色信贷起到何种作用，都可以使企业投入更多的研发资金。因此，NEVs 的性能和技术得到了提高，销量得到了提高。相比绿色信贷的有效作用，目前中国政府主要的支持和激励方式是购置补贴政策，它虽然可以提高 NEVs 的销量，但很难激励企业增加研发投入。相反，由于购置补贴减少了消费者购买 NEVs 的实际支付，即使企业不进行研发投资，也不降低价格，NEVs 的销量也会增加，企业也会获得更高的利润。因此，购置补贴降低了企业的研发动机，这也是中国政府减少购置补贴并已于 2022 年取消的原因。

第四节 仿真分析

本节通过数值仿真来印证本章模型。某一类 NEVs 的市场总规模为 $D=1000$,需求的概率密度函数 $f(t)$ 服从 $(50,15^2)$ 的正态分布。NEVs 市场处于 NEVs TALC $t \in [20,35]$ 阶段。NEVs 初始技术水平为 $T_0=1$,技术水平增量函数为 $\Delta T(I)=0.2\sqrt{I}$,销售价格为 $P=1.8$。消费者对价格的敏感性是 $\beta=0.3$,消费者对 NEVs 的性能和技术水平 θ 的偏好。为了支持 NEVs 制造商的发展,政府提供了 NEVs 企业绿色信贷,利率是 $r=10\%$。

表 7-1 反映了企业以 NEVs 销量最大化为目标时,不同情况下的最优解。表 7-2 反映了企业以达到一定技术水平为目标、政府以 NEVs 销量最大化为目标的不同情况下的最优解决方案。表 7-3 反映了企业和政府都以达到一定技术水平为目标的不同情况下的最优解决方案。这些最优解决方案包括研发投入和相应的技术水平、政府的绿色信贷政策等。

表 7-1　企业以 NEVs 销量最大化为目标时,不同条件下的最优解

研发资金约束 $\tilde{I}$	补贴约束 $\bar{S}$	政府的技术水平目标 $\bar{T}$	贷款与否	折扣率 δ	绿色信贷额度 L	研发投资 I	技术水平 T	实际需求率 ρ	销售额 Q	利润 π
100	40	—	yes	1.585	252.367	352.367	4.754	0.971	132.002	-100.000
100	40	4.54	yes	0	214.587	314.587	4.547	0.965	131.136	-100.000
100	40	4.67	yes	0.989	236.746	336.746	4.670	0.969	131.670	-100.000
100	40	4.77	yes	1.585	252.367	352.367	4.754	0.971	132.002	-100.000

表7-2　企业一定技术水平为目标、政府以 NEVs 销量最大化为目标的不同条件下的最优解

研发资金约束 $\tilde{I}$	补贴约束 $\overline{S}$	企业的技术水平目标 $\tilde{T}$	贷款与否	折扣率 δ	绿色信贷额度 L	研发投资 I	技术水平 T	实际需求率 ρ	销售额 Q	利润 π
100	40	4.510	yes	0	208.003	308.003	4.510	0.963	130.962	-93.072
100	40	4.670	yes	0.988	236.722	336.722	4.670	0.969	131.670	-100.000
100	40	4.760	yes	1.585	252.367	352.367	4.754	0.971	132.002	-100.000
100	400	4.760	yes	11.0	363.636	363.636	4.814	0.973	132.222	237.999
100	—	2.970	no	—	0	97.026	2.970	0.850	115.559	110.980
100	400	4.760	yes	11.0	363.636	363.636	4.814	0.973	132.222	237.999

表7-3　企业和政府都以达到一定技术水平为目标时不同情况下的最优解决方案

研发资金约束 $\tilde{I}$	补贴约束 $\overline{S}$	企业的技术水平目标 $\tilde{T}$	政府的技术水平目标 $\overline{T}$	贷款与否	折扣率 δ	绿色信贷额度 L	研发投资 I	技术水平 T	实际需求率 ρ	销售额 Q	利润 π
100	40	4.510	4.830	yes	0	208.003	308.003	4.510	0.963	130.962	-93.072
100	40	4.670	4.830	yes	0.988	236.722	336.722	4.670	0.969	131.670	-100.000
100	40	4.760	4.830	yes	1.585	252.367	352.367	4.754	0.971	132.002	-100.000
100	400	4.760	4.787	yes	11.0	358.545	358.545	4.787	0.972	132.125	237.824
100	400	4.760	4.830	yes	11.0	363.636	363.636	4.814	0.973	132.222	237.999
100	40	4.510	4.500	yes	0	208.003	308.003	4.510	0.963	130.962	-93.072
100	40	4.670	4.600	yes	0.443	236.722	336.722	4.600	0.966	131.373	-100.000
100	40	4.760	4.755	yes	1.585	252.367	352.367	4.754	0.971	132.002	-100.000
100	40	2.970	2.980	no	—	0	97.026	2.970	0.850	115.559	110.980
100	150	2.970	2.980	yes	11.0	98.010	98.010	2.980	0.852	115.731	208.315
100	107	2.970	2.980	yes	11.0	97.273	97.273	2.973	0.851	115.602	208.084
100	—	2.970	2.960	no	—	0	97.026	2.970	0.850	115.559	110.980

表 7-1 第一行数据给出了在研发资金约束下，企业以 NEVs 销量最大化为目标时的最优解。可以看出，具有这一目标的企业会投入所有的研发投资资金。这一结论证实了本章的命题 7.3。

从 7-1 第一行数据还可以看出，当政府的目标也是最大化 NEVs 销量时，政府将根据其资本上限提供绿色信贷贴息，以支持企业获得最大额度的绿色信贷，最大程度提高 NEVs 的技术水平和销量。表 7-1 第二行数据为企业以 NEVs 销量最大化为目标，政府以达到一定水平的 NEVs 技术为目标时的最优解。可以看出，政府提供的是不补贴利息的绿色信贷，因为即使政府不补贴利息，企业技术水平也超过了政府的目标。从表 7-1 的第三行数据可以看出，政府必须通过补贴利息来支持企业将 NEVs 的技术水平提高到政府的目标，政府会设置贴现率来让政府的目标刚好实现。从表 7-1 第四行数据可以看出，即使政府将所有资金用于贴息，也无法达到政府的目标。因此，政府将根据其资本上限提供利息补贴。以上结论证实了本章的命题 7.4。

表 7-2 第一、第二、第五行数据显示了企业的资金（包括绿色信贷）足以实现其技术水平目标时的最优解。可以看出，在企业需要承担研发成本的情况下，如果企业资金充足，企业研发投资策略便是使 NEVs 的技术水平刚好达到其目标。从表 7-2 第三行数据可以看出，在企业需要承担研发成本的情况下，如果企业的资金不足，企业的研发投资策略是将其能得到的所有资金投入进去。以上结论证实了本章的命题 7.5。

表 7-2 的第一行至第四行数据也显示了政府在企业自身资金不足时的最优绿色信贷政策。从第一行数据可以看出，企业可以在没有政府利息补贴的情况下达到自己的技术目标，政府也无法激励企业将 NEVs 的技术水平提高到超过自己的目标，即使政府将其所

有资金用于提供免费的绿色信贷。因此,政府提供无利息补贴的绿色信贷。从第二行数据可以看出,政府只要提供绿色信贷贴息,就可以支持企业实现其技术目标。因此,政府设置贴现率只是为了支持企业实现它的技术目标。从第三行数据可以看出,政府即使用尽所有的资金支持企业获得最大的绿色信贷,也无法实现其技术目标。因此,政府根据其资本上限来设定绿色信贷的贴现率。第四行数据表示政府将用所有的资金提供免费的绿色信贷,鼓励企业将NEVs的技术水平提高到超出其目标的水平。

表7-2第五行、第六行数据显示了政府在企业资金充足时的最优绿色信贷政策。第五行数据显示,当政府资金不足以鼓励它将NEVs的技术水平提高到超过其目标时,政府不提供绿色信贷。第六行数据显示,当政府资金足够激励企业将NEVs的技术水平提高到超出其目标时,政府将用所有的资金提供免费的绿色信贷。以上结论证实了本章的命题7.6。

表7-3第一行至第五行数据显示了政府的绿色信贷政策以及在企业自身资金不足、政府的技术目标高于企业目标的情况下企业的研发投资策略。其中,第一行数据显示,无利息补贴的绿色信贷可以支持企业实现其目标,但不能激励其实现政府的目标。因此,政府提供无利息补贴的绿色信贷。第二行数据显示,当政府必须贴息且资金充足时,政府会设置贴息来支持企业将NEVs的技术水平提高到其目标。第三行数据表示政府资金不足时,政府将根据其资本上限设定绿色信贷的利息补贴。第四行数据表示,当政府资金足够激励企业实现政府的技术目标时,政府会提供免费的绿色信贷,并将绿色信贷的额度设置为刚好满足政府的技术目标。第五行数据显示,当政府资金足够激励企业将NEVs的技术水平提高到超出其目标但低于政府的目标时,政府将用所有资金提供免费绿色信贷。

表7-3第六行至第八行数据显示了企业自身资金不足且政府技术目标低于企业目标时的最优解。从第六行数据可以看出,政府在不补贴利息的情况下可以实现其技术目标。因此,政府提供无利息补贴的绿色信贷。从第七行数据可以看出,当政府必须补贴利息且资金充足时,政府会通过补贴利息的绿色信贷刚好实现技术目标。从第八行数据可以看出,当政府资金不足时,政府会根据其资本上限设置利息补贴,以提供最大的绿色信贷。

表7-3第九行至第十一行数据显示了企业自有资金充足、政府的技术目标高于其自身目标的最优解。第九行数据表明,企业自己的资金足以实现其技术目标,政府将全部资金用于提供免费的绿色信贷,不能激励企业将NEVs的技术水平提高到超出其目标的水平。因此,政府不提供绿色信贷。第十行数据表示,当政府的资金足够激励企业实现政府的技术目标时,政府提供免费的绿色信贷并设定最优的绿色信贷额度,使其技术目标刚好实现。第十一行数据表明,政府资金足以激励企业将NEVs的技术水平提高到超出企业目标但不足以实现政府目标的水平。因此,政府将所有资金用于提供免费的绿色信贷。

表7-3第十二行数据给出了企业自有资金充足、政府技术目标低于企业目标的最优解。可以看出,当企业自己的资金足够实现其技术目标并在实现自身目标的过程中实现政府的技术目标时,政府不提供绿色信贷。以上结论证实了本章的命题7.7。

此外,从表7-1、表7-2、表7-3可以看出,政府在企业研发资金不足时提供绿色信贷,在企业研发资金缺口过大时提供贴息。政府在政府和企业都希望将NEVs技术提高到一定水平,且当政府的目标高于企业目标时,提供免费的绿色信贷。以上结论证实了本章的命题7.8。

第八章　购置补贴对 NEVs 产业研发投入影响研究

本章基于早期消费者技术门槛的均匀分布，考虑 NEVs 产业由研发效率存在差异的企业构成，结合企业研发资金条件，建立 NEVs 产业研发竞争模型，求解企业最优研发定价策略、最优研发投入策略以及购置补贴对企业和产业研发投入的挤入效应并对购置补贴挤入效应随单位补贴的变化进行模拟，以期为政府调整和优化补贴政策提供指导建议。

第一节　问题的提出

NEVs 产业由研发效率存在差别的双寡头组成，双寡头经过研发和生产后向市场推出各自的 NEVs，研发效率较高的寡头总是推出技术水平更高的产品。考虑到当前 NEVs 技术发展仍处在早期阶段，消费者认为 NEVs 是一种创新产品，因此只有部分消费者愿意考虑购买，即成为 NEVs 的潜在消费者（以下简称早期采纳者）（熊勇清等，2017）。

考虑早期采纳者的 NEVs 购买决策。首先，对于 NEVs 这类耐用消费品，消费者的基本考虑是买不买而非买多少，故假设早期采纳者或者购买一辆NEVs，或者一辆也不买，其购买决策是互斥和不可分的。其次，早期采纳者对NEVs的效用评价取决于使用价值和衍生价值两个方面。一方面，无论是使用价值还是衍生价值，都只有在NEVs技术（性能）达到早期采纳者的最低要求（以下简称技术门槛）时，才会被消费者认可和感知。另一方面，早期采纳者对使用价值的评价基于NEVs技术（性能），即使用价值与NEVs技术水平成正比；衍生价值是早期采纳者购买NEVs时能够获得的一种心理收益，比如尝试新事物满足好奇心或获得周围人的赞许，使用节能环保产品体现环保意识等，早期采纳者将其视为一个固定的效用。据此，早期采纳者权衡购买NEVs获得的总效用与所支付的价格并做出购买决策，若当两种技术水平不同的NEVs对早期采纳者效用相等时，假设早期采纳者会选择与自己技术门槛更接近的产品。

基于早期采纳者的特征和购买决策行为，考虑政府和NEVs双寡头参与的三阶段博弈。第一阶段为激励NEVs企业增加研发投入，政府决定依据销量对双寡头进行补贴并确定单位补贴额度；第二阶段为双寡头做出各自的研发投入决策并生产相应技术水平的NEVs产品；第三阶段为双寡头做出各自的价格决策并在市场销售，以获取产品利润及政府补贴。

第二节 模型假设

市场上存在研发效率较低的NEVs企业1和研发效率较高的NEVs企业2（以下简称企业1和企业2），企业1和企业2分别推出技术水平为t_1和t_2（$t_1 < t_2 \leq 1$）、售价为p_1和p_2（$p_1 < p_2$）的NEVs。若早期采纳者的技术门槛x服从$x \in u[0,1]$，则早期采纳者购买

NEVs 的效用函数为：

$$U(t) = \begin{cases} v+t-p & t \geq x \\ -p & t < x \end{cases} \quad (8-1)$$

其中，v 是早期采纳者购买达到其技术门槛要求的 NEVs 时所得的获心理收益。

考虑 NEVs 企业的研发和生产条件。对于研发，企业 1 和企业 2 只有通过研发才具备开发 NEVs 的能力，即企业 1 和企业 2 的研发投入函数分别为：

$$i_1 = k_1 t_1^2 \quad (8-2)$$

$$i_2 = k_2 t_2^2 \quad (8-3)$$

其中，k_1 和 k_2 是研发效率系数，满足 $k_2 < 1 < k_1$。依据当前 NEVs 产业仍处于早期阶段，结合早期采纳者技术门槛服从 $x \in u[0,1]$ 分布的假设，令企业 2 的技术水平满足 $t \in [\underline{t}, \bar{t}]$，$[\underline{t}, \bar{t}]$，即早期采纳者技术门槛范围为 [0, 1]，换言之，企业 2 的最高技术水平 $\bar{t} = 1$；同时，假设企业 1 和企业 2 具有相同研发资金约束，依据研发投入函数，记企业 1 可用研发资金总额为 $i^{max} = k_1$，相应地，企业 2 的最高研发水平为 $\bar{t}_2 = \sqrt{k_1/k_2}$。对于生产，考虑到 NEVs 的生产成本并不影响模型分析结果，为使模型简明，假设生产成本为 0。

另外，政府和两个 NEVs 企业展开一个三阶段博弈。第一阶段是政府制定购置补贴标准，即 NEVs 企业每售出 1 辆 NEVs，政府给予其额度为 s 的补贴；第二阶段是两个 NEVs 企业确定各自最优研发水平 t_1^* 和 t_2^*、最优研发投入额度 i_1^* 和 i_2^*；第三阶段是两个 NEVs 企业确定各自最优定价 p_1^* 和 p_2^*。

第三节 最优研发投入策略求解

为求解 NEVs 企业 1 和企业 2 的研发投入竞争均衡，本节采用逆向求解的方法。首先，求解博弈第三阶段企业 1 和企业 2 的最优定价策略。记企业 1 和企业 2 的保本价格分别为 $\bar{p}$ 和 $\underline{p}$，结合不考虑生产成本的假设，保本价格即使企业收益等于研发投入的价格。

命题 8.1 在 NEVs 产业内企业研发效率存在差异的情境下，NEVs 企业最优定价为该企业产品给早期采纳者带来的使用价值和心理收益之和。

证明：已知 $\underline{t} < \bar{t}$ 和 $\underline{p} < \bar{p}$，依据式（8-2）和式（8-3），可知企业 1 和企业 2 的保本价格分别为：

$$\begin{cases} \bar{p} = \dfrac{\bar{i}}{q} - s = k\bar{t} - s \\ \underline{p} = \dfrac{\underline{i}}{q} - s = k\underline{t} - s \end{cases} \quad (8-4)$$

依据式（8-1）可知，若企业 1 和企业 2 共享市场，二者定价应满足：

$$\bar{p} - \underline{p} \geq \bar{t} - \underline{t} \Leftarrow \bar{U} = v + \bar{t} + s - \bar{p} \geq v + \underline{t} + s - \underline{p} = \underline{U} \quad (8-5)$$

据此，依据式（8-4）和式（8-5）可知，企业 2 愿与企业 1 共享市场的必要条件为二者之一，即：

$$\bar{p} - \underline{p} \geq \bar{t} - \underline{t} \quad (8-6)$$

$$\bar{p} - \underline{p} < \bar{t} - \underline{t} \quad and \quad \pi(\bar{p}^*) \geq \pi(\underline{p}^\approx) \quad (8-7)$$

其中，$\bar{p}^* = v + \bar{t}$ 和 $\lim\limits_{\omega \to 0^+} \underline{p}^\approx = \underline{p} - \omega$，考虑到用 $\underline{p}$ 代替 $\underline{p}^\approx$ 计算并不影响分析结果，以下计算用 $\underline{p}$ 近似代替 $\underline{p}^\approx$。

第二篇 机制设计篇

已知 $\underline{t} < \bar{t}$ 和 $\underline{k} < 1 < \bar{k}$，分析式（8-6）和式（8-7）可得：

$$\underline{p} - \bar{p} < \underline{t} - \bar{t}, \quad \text{if} \quad \underline{k} < 1 < \bar{k} \tag{8-8}$$

换言之，企业1必定寻求式（8-7）成立，从而能与企业2共享市场。在企业1与企业2共享市场的前提下，企业1和企业2的最优定价为：

$$\begin{cases} \underline{p}^* = v + \underline{t} \\ \bar{p}^* = v + \bar{t} \end{cases} \tag{8-9}$$

命题8.1证毕。

命题8.1表明，基于NEVs早期采纳者选择达到其技术门槛要求又与其技术门槛最接近的产品，当企业1和企业2分别进行低水平和高水平研发时，由于二者研发效率存在差距，企业2总能通过"价格战"将企业1的产品挤出市场，而企业1必须合理确定自身研发水平，以使低价格成为企业2的劣势策略，从而与企业2共享市场（见图8-1）。

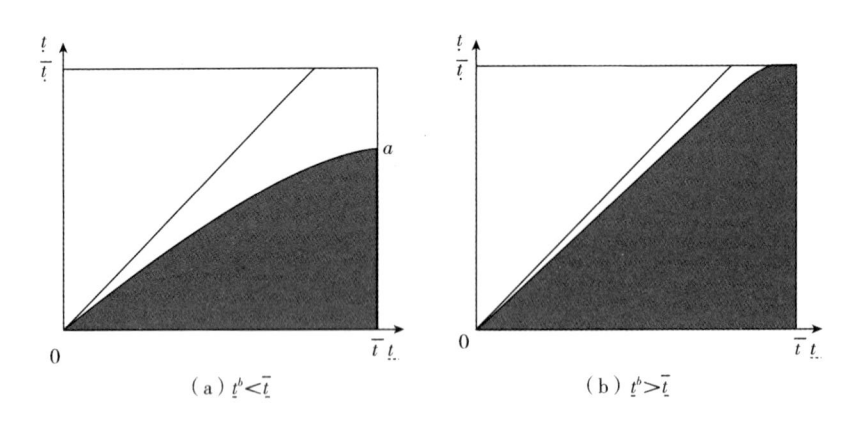

图8-1　企业1和企业2共享市场条件示意

注：$\bar{t} = \sqrt{\underline{k}/\bar{k}}$ 和 $\tilde{t} = 1$，虚线表示 $\underline{t} = \bar{t}$。

在企业 1 和企业 2 共享市场的前提下,企业 2 垄断技术门槛不超过其产品技术水平的早期采纳者,企业 1 与企业 2 争夺技术门槛不超过其产品技术水平的早期采纳者,在保住各自市场份额的前提下,企业 1 和企业 2 都尽可能地对消费者施以高价格以获得更高利润。换言之,企业 1 既要尽可能提高价格,还要使其产品对于早期采纳者的净效用至少不小于企业 2 的产品。因此,企业 2 使其产品的价格等于早期采纳者购买其产品时获得的技术价值和心理收益之和,企业 1 的产品价格与企业 2 的产品价格之差为二者产品技术水平之差。

记企业 1 的研发水平 t 关于 t 的关系函数为 $t^a(t) = \frac{1}{(1+k)}\left[t + \frac{(v+s)kt}{(1+k)t+v+s}\right]$,已知 $\bar{t}=1$,记 $a=v+s+1$ 和 $t^b = t^a(\bar{t}) = \frac{a}{a+k}$。

引理 8.1 企业 1 与企业 2 共享市场的约束条件为 $t \leq \frac{(t+v+s)t}{(1+k)t+v+s}$。

证明:若企业 2 与企业 1 共享市场时,其最优定价如式(8-9)所示;若企业 2 独占市场,其最优定价为:

$$p^{D*} = p \qquad (8-10)$$

两种情况下企业 2 的需求函数分别为:

$$\begin{cases} q^D = t \\ q = t - t \end{cases} \qquad (8-11)$$

两种情况下企业 2 的利润函数分别为:

$$\begin{cases} \pi(p^*) = (v+t+s)(t-t) - i(t) \\ \pi^D(p) = ktt - i(t) \end{cases} \qquad (8-12)$$

令 $\pi^D(p) \leq \pi(p^*)$，化简可得在不考虑研发水平范围的情况下，企业1与企业2的共享市场条件为：

$$t_i \leq \frac{(t_j+v+s)t_j}{(1+k)t_j+v+s} \quad (8-13)$$

已知 $t_i^a(t_j) = \dfrac{(t_j+v+s)t_j}{(1+k)t_j+v+s}$，$t_i^a$ 对 t_j 求二阶导数可得：

$$\begin{cases} \dfrac{\partial t_i}{\partial t_j} = \dfrac{(1+k)t_j^2 + 2t_j(v+s)+(v+s)^2}{(t_j+kt_j+v+s)^2} > 0 \\[2mm] \dfrac{\partial t_i}{\partial t_j}\bigg|_{t_j=0} = 1 \\[2mm] \dfrac{\partial^2 t_i}{\partial t_j^2} = -\dfrac{2(v+s)^2 k}{[(1+k)t_j+(v+s)]^3} < 0 \end{cases} \quad (8-14)$$

已知 $\bar{t} = \sqrt{\dfrac{k}{k_i}}$，记 $a = v+s+1$，计算可知：

$$\begin{cases} t_i^b \geq \bar{t} \begin{cases} k_i \geq \dfrac{a}{4} \\ \text{or} \quad k_i < \dfrac{a}{4} \ \text{and} \ k_{b-1} \leq \dfrac{a[a-2k_i-\sqrt{a(a-4k_i)}]}{2k_i} \\ \text{or} \quad k_i < \dfrac{a}{4} \ \text{and} \ k_{b-2} \geq \dfrac{a[a-2k_i+\sqrt{a(a-4k_i)}]}{2k_i} \end{cases} \\[10mm] t_i^b < \bar{t} \begin{cases} k_i < \dfrac{a}{4} \\ \text{and} \quad k_{b-1} < \dfrac{a[a-2k_i+\sqrt{a(a-4k_i)}]}{2k_i} \\ \text{and} \quad k_{b-2} > \dfrac{a[a-2k_i-\sqrt{a(a-4k_i)}]}{2k_i} \end{cases} \end{cases}$$

$$(8-15)$$

依据式（8-13）和式（8-15）可知，考虑研发水平约束时企业1的最优研发水平应满足：

$$\begin{cases} t^* \leq \dfrac{a}{a+k} & t^b < \bar{t} \\ t^* \leq \sqrt{\dfrac{k}{k}} & t^b \geq \bar{t} \end{cases} \quad (8-16)$$

引理8.1证毕。

引理8.1表明，依据企业1和企业2的共享市场条件可以发现，企业1的最优研发水平上限会随着企业2的最优研发水平的提高而提高；由于企业2存在研发水平上限，企业1也存在最优研发水平上限。

然后，依据企业1和企业2的最优定价策略，求解NEVs企业的最优研发投入策略。记NEVs企业1和企业2最优研发水平为 t^* 和 t^*，最优研发投入额度为 i^* 和 i^*；记 $\alpha = \dfrac{1}{2} + \dfrac{v+s}{2t}$、$\beta = 1 + \dfrac{v+s-t}{2}$ 和 $a = v+s+1$、$t_1 = \dfrac{a-1}{2(k-1)}$、$t_2 = \dfrac{\sqrt{a^2+4(k-k)(a-k)}-a}{2(k-k)}$、$t_3 = \dfrac{v+s}{2k-1}$。

命题8.2 产业内研发效率较高企业的最优研发投入策略为投入全部研发资金。

证明：当企业1和企业2共享市场时，企业1的需求函数为：

$$q = t \quad (8-17)$$

依据式（8-9）和式（8-11），写出企业1和企业2的利润函数分别为：

$$\pi = (v+t+s)t - kt^2 \quad (8-18)$$

$$\pi = (v + \underline{t} + s)(\underline{t} - \underline{t}) - \underline{k}\,\underline{t}^2 \qquad (8-19)$$

对式（8-19）求二阶导数可得：

$$\begin{cases} \dfrac{\partial \pi}{\partial \underline{t}} = 2(1-\underline{k})\,\underline{t} + v + s - \underline{t} \\ \dfrac{\partial^2 \pi}{\partial \underline{t}^2} = 2(1-\underline{k}) > 0 \end{cases} \qquad (8-20)$$

当企业2的研发效率满足 $\underline{k} \leq \alpha$ 或企业1最优研发水平满足 $\bar{t} \leq v + s$ 时，会出现三种情况。

一是已知 $\underline{k} < 1$，可得：

$$\left.\dfrac{\partial \pi}{\partial \underline{t}}\right|_{\underline{t}=\underline{t}} > 0 \quad and \quad \dfrac{\partial \pi}{\partial \underline{t}} > 0, \; if \; \bar{t} \leq v + s \qquad (8-21)$$

二是当 $\bar{t} > v + s$ 时，依据式（8-19）可得：

$$\left.\dfrac{\partial \pi}{\partial \underline{t}}\right|_{\underline{t}=\underline{t}} > 0 \quad and \quad \dfrac{\partial \pi}{\partial \underline{t}} > 0, \; if \; 0 < \underline{k} \leq \dfrac{1}{2} \qquad (8-22)$$

三是当 $\bar{t} > v + s$ and $\dfrac{1}{2} < \underline{k} \leq \alpha$ 时，记若 $\left.\dfrac{\partial \pi}{\partial \underline{t}}\right|_{\underline{t}=\underline{t}=\bar{t}} = 0$ 成立，则 $\underline{k} = \alpha$，依据式（8-20）可得：

$$\left.\dfrac{\partial \pi}{\partial \underline{t}}\right|_{\underline{t}=\underline{t}=\bar{t}} \geq 0 \; and \; \dfrac{\partial \pi}{\partial \underline{t}} > 0, \; if \; \bar{t} \leq v + s \qquad (8-23)$$

记 $\underline{t}_2 = \dfrac{\sqrt{a^2 + 4(\underline{k}-\underline{k})(a-\underline{k})} - a}{2(\underline{k}-\underline{k})}$，依据式（8-12）和式（8-19）可知企业2与企业1共享市场和垄断市场时的利润函数分别为：

$$\begin{cases} \pi(\bar{t}) = (v + s + \bar{t})(\bar{t} - \underline{t}) - \underline{k}\bar{t}^2 \\ \pi^D(\underline{t}) = (\underline{k} - \underline{k})\underline{t}^2 \end{cases} \qquad (8-24)$$

依据式（8-24），可得：

$$\begin{cases} \pi(\bar{t}) \geq \pi^D(t) & t \leq t_2 \\ \pi(\bar{t}) < \pi^D(t) & t > t_2 \end{cases} \quad (8-25)$$

同时，若 $t^* = t$，企业 2 与企业 1 展开同质产品下的价格竞争，即：

$$\begin{cases} p^* = \underline{p} \\ \pi = 0 \end{cases} \quad (8-26)$$

依据企业 1 决策的小中取大原则可知，企业会选择不超过 t_2 的研发水平，即 $t \leq t_2$；相应地，企业 2 的最优研发投入策略为 $i^* = i^{\max}$（见表 8-1）。

表 8-1　在企业 1 的不同研发水平下双寡头的支付矩阵

企业 1 \ 企业 2	$t^* = t$	$t^* = \bar{t}$
$t \leq t_2$	$-kt^2, \pi^D(t)$	$\pi(t)\|_{t \leq t_2}, \pi(\bar{t})$
$t > t_2$	$-kt^2, \pi^D(t)$	$\pi(t)\|_{t > t_2}, \pi(\bar{t})$

当企业 1 研发水平满足 $\bar{t} > v + s$ 且企业 2 研发效率满足 $k > \alpha$ 时，若 $\frac{\partial \pi}{\partial t}\big|_{t = t = t_0} = 0$ 成立，记企业 1 的研发水平阈值为 $t_3 = \frac{v+s}{2k-1}$，易证：

$$\begin{cases} \dfrac{\partial \pi}{\partial t}\big|_{t=t} \geq 0 & t \leq t_3 \\ \dfrac{\partial \pi}{\partial t}\big|_{t=t} < 0 & t > t_3 \end{cases} \quad (8-27)$$

若 $\frac{\partial \pi}{\partial t}|_{t=\underline{t}}=0$ 成立，则记 $k=\beta$，易证：

$$\beta > \alpha \qquad (8-28)$$

一是当 $\alpha < k \leq \beta$ 时，依据式（8-20）可知 $\frac{\partial \pi}{\partial t}=0$ 在 $t \in [\underline{t}, \overline{t}]$ 上存在唯一根，记 $t=t_1$，可得：

$$\frac{\partial \pi}{\partial t}|_{t=\underline{t}}<0 \text{ 且} \begin{cases} \frac{\partial \pi}{\partial t}<0 & t \in [\underline{t}, t_1) \\ \frac{\partial \pi}{\partial t}>0 & t \in (t_1, \overline{t}] \end{cases} \qquad (8-29)$$

由企业 1 决策的小中取大原则可知，企业会选择不超过 t_2 的研发水平，即 $t \leq t_2$；相应地，企业 2 的最优研发投入策略为 $i^* = i^{\max}$（见表 8-1）。

二是当 $k > \beta$ 时，依据式（8-20），易证：

$$\frac{\partial \pi}{\partial t}|_{t=\underline{t}}<0 \text{ and } \frac{\partial \pi}{\partial t}<0 \qquad (8-30)$$

依据 $t_3 = \frac{v+s}{2k-1}$，若企业 1 选择 $t > t_3$，企业 2 将选择 $t^* = \underline{t}$，这显然不符合企业 1 的小中取大原则，换言之，企业 1 将选择 $t \leq t_3$；若仅 $t \leq t_3$ 成立时，仍不能保证企业 2 不选择 $t^* = \underline{t}$，最终企业 1 仍会选择 $t \leq t_2$。

综上，只要企业 1 的小中取大原则是公开信息，企业 2 的最优研发投入策略就为 $i^* = i^{\max}$。

命题 8.2 证毕。

命题 8.2 表明，当企业 1 的最高技术水平给早期采纳者带来的使用价值小于早期采纳者购买 NEVs 的心理收益和购置补贴之和时，企业 2 为增加需求而付出的每单位研发投入都能为其赚回更高的边际收益，换言之，企业 2 研发投入的边际利润将随研发投入的提高而保持为正；当企业 2 的研发效率较高时，也就是说，即使企业 1 选择最高研发水平，企业 2 用于提高研发投入的第一个 1 元钱也不会获得负利润，企业 2 研发投入的边际利润也是随着研发投入的提高而保持为正；当企业 2 的研发效率较低时，企业 2 研发投入的边际利润可能先为负，再为正。对于这三种情形，企业 2 显然总是在投入全部研发资金时获得相对高的利润。

但由于企业 2 总会选择不低于企业 1 的研发水平，企业 2 最初需要投入一部分研发资金来实现该研发水平，因此，即使企业 2 的利润随着研发投入始终增加，其在投入全部研发资金时，也不一定获得比选择与企业 1 技术水平相同时更高的利润；而当企业 2 选择与企业 1 相同的研发水平时，只要企业 2 通过保本价格将企业 1 挤出市场，企业 2 就能以相对低的研发成本获得一个正利润。最终，企业 2 选择同研发水平竞争还是高研发水平竞争取决于企业 1 的研发水平。已知企业 1 的研发投入决策坚持小中取大原则，企业 1 会选择一个足够低的研发投入水平，使企业 2 获得比与其同研发水平竞争时更高的利润，从而避免企业 2 通过同研发水平竞争将其挤出市场。由于企业 1 的小中最大原则是共有信息，企业 2 总是投入全部研发资金以获得最高利润。

当企业 2 的研发效率非常低时，企业 1 选择一个研发水平后，企业 2 只要选择更高研发水平，利润就会一直降低，此时，企业 2 显然会选择同研发水平竞争策略。为此，企业 1 只需要选择足够的研发水平，使企业 2 面对的情形同研发效率较高或较低时的情形一样，从而使在完全信息博弈下，企业 2 仍然会选择投入全部研发资金。

基于企业 2 的最优研发水平和市场共享条件，求解企业 1 的最优研发投入策略。同样地，记企业 1 和企业 2 的最优研发水平为 t^* 和 $\underline{t}^*$，最优研发投入额度为 i^* 和 $\underline{i}^*$；记 $\alpha = 1 + \dfrac{v+s}{2\bar{t}}$、$t_1 = \dfrac{v+s}{2(k-1)}$ 和 $i_1 = k(t_1)^2$。

命题 8.3 当企业 1 的研发效率较低时，即 $k > \alpha$，其最优研发投入策略为 $i^* = k(\min\{t_1, t_2, t^b, \bar{t}\})^2$；否则，当 $1 < k \leq \alpha$ 时，其最优研发投入策略为 $i^* = k(\min\{t_2, t^b, \bar{t}\})^2$。

证明：已知式（8-18），对 t 求二阶导数可得：

$$\begin{cases} \dfrac{\partial \pi}{\partial t} = 2(1-k)t + v + s \\ \dfrac{\partial^2 \pi}{\partial t^2} = 2(1-k) \end{cases} \quad (8-31)$$

若 $\dfrac{\partial \pi}{\partial t}\big|_{t=\bar{t}} = 0$ 成立，则 $k = \alpha$；若 $\dfrac{\partial \pi(t)}{\partial t} = 0$ 成立，则其唯一根为 $t = t_1$。已知 $k > 1$，可得：

$$\dfrac{\partial \pi}{\partial t}\big|_{t=0} > 0 \text{ 且 } \dfrac{\partial \pi}{\partial t} \geq 0,\ t \in [0, \bar{t}],\ if\ 1 < k \leq \alpha \quad (8-32)$$

$$\begin{cases} \dfrac{\partial \pi}{\partial t}\big|_{t=0} > 0 \\ \dfrac{\partial \pi}{\partial t} > 0,\ t \in [0, t_1) \\ \dfrac{\partial \pi}{\partial t} < 0,\ t \in (t_1, \bar{t}] \end{cases},\ if\ k > \alpha \quad (8-33)$$

同时，记 $a = v + s + 1$，比较 t_2 和 $\bar{t}$、t_b、t_1 和 t^b、t_1 和 t_2 的大小，可得：

$$\begin{cases} t_2 \leqslant t^b, & k \leqslant \dfrac{2ak}{a-k} \\ t_2 > t^b, & k > \dfrac{2ak}{a-k} \end{cases} \quad (8-34)$$

$$\begin{cases} t_1 \geqslant t_2, & k \leqslant 1 + \dfrac{(a-1)}{8(a-k)}\left[\sqrt{(3a-1)^2 + 16(1-k)(a-k)} - (3a-1)\right] \\ t_1 < t_2, & k > 1 + \dfrac{(a-1)}{8(a-k)}\left[\sqrt{(3a-1)^2 + 16(1-k)(a-k)} - (3a-1)\right] \end{cases}$$

$$(8-35)$$

$$\begin{cases} t_1 \geqslant t^b, & k \leqslant a \\ t_1 < t^b, & k > a \end{cases} \quad (8-36)$$

依据式 (8-15) 和式 (8-34) 至式 (8-36), 可计算企业 1 的最优研发投入策略对应的研发效率范围, 即当企业 1 的研发效率满足 $1 < k \leqslant \alpha$ 时, 企业 1 的最优研发水平为:

$$t^* = \min\{t_2, t^b, \bar{t}\} \quad (8-37)$$

当企业 1 的研发效率满足 $k > \alpha$ 时, 企业 1 的最优研发水平为:

$$t^* = \min\{t_1, t_2, t^b, \bar{t}\} \quad (8-38)$$

由于计算企业 1 最优研发投入额度对应的研发效率范围组合极其复杂, 以下仅以 $t^b \geqslant \bar{t} > t_2$ 且 $1 < k \leqslant \alpha$ 的情形为例进行计算, 即:

$$k \leqslant \dfrac{a+1}{2} \Leftarrow 1 < k \leqslant \alpha \quad (8-39)$$

记 $k_\alpha = \dfrac{a+1}{2}$、$k_{b-1} = \dfrac{a[a-2k-\sqrt{a(a-4k)}]}{2k}$ 和 $k_{b-2} = \dfrac{a[a-2k+\sqrt{a(a-4k)}]}{2k}$, 比较 k_α 和 k_{b-1}、k_{b-2} 的大小可得:

$$\begin{cases} k_\alpha \geqslant k_{b-1} \quad and \quad k_\alpha \geqslant k_{b-2} \quad k \leqslant \dfrac{2\ (a^2+a^3)}{(1+3a)^2} \\ k_\alpha < k_{b-1} \quad and \quad k_\alpha < k_{b-2} \quad k > \dfrac{2\ (a^2+a^3)}{(1+3a)^2} \end{cases} \quad (8-40)$$

依据式（8-15），可得：

$$t^* = t_2, if \begin{cases} k \geqslant \dfrac{a}{4} \\ or \quad k \leqslant k_{b-1}, \quad k < \dfrac{a}{4} \quad and \quad k \leqslant \dfrac{2\ (a^2+a^3)}{(1+3a)^2} \\ or \quad k_{b-2} \leqslant k < \dfrac{a+1}{2}, \quad k < \dfrac{a}{4} \quad and \quad k \leqslant \dfrac{2\ (a^2+a^3)}{(1+3a)^2} \\ or \quad k < \dfrac{a+1}{2}, \quad k < \dfrac{a}{4} \quad and \quad k > \dfrac{2\ (a^2+a^3)}{(1+3a)^2} \end{cases}$$

$$(8-41)$$

命题 8.3 证毕。

命题 8.3 表明，在企业 1 和企业 2 研发效率存在明显差距的前提下，企业 2 总会投入全部研发资金以达到最高研发水平，而企业 1 由于研发效率相对低，其研发投入决策受制于企业 2 的研发水平和自身的研发效率：一方面，企业 1 必须确定足够低的研发水平，以保证企业 2 不会在同研发水平或更高研发水平时通过价格竞争将其挤出市场；另一方面，企业 1 必须考虑自身研发效率，以避免提高研发水平不仅没有招致企业 2 的价格竞争，反而由于自身研发效率低而导致利润降低的情形。在此前提下，依据企业的利润随研发投入的增加而提高，企业 1 寻求最高研发水平以实现最大利润。

第四节 购置补贴挤入效应分析

在企业 2 总是最大化研发的前提下，考虑购置补贴对企业 1 的挤入效应，通过比较企业 1 在政府补贴前后的最优研发投入策略来计算挤入效应。

命题 8.4 在 NEVs 产业内企业研发效率存在差异的情境下，只要产业内研发效率较低的企业在政府补贴之前没有投入全部研发资金，购置补贴就能产生挤入效应，且挤入效应随着单位补贴额度的提高而增大，直至投入全部研发资金。

证明：依据式（8-2）和式（8-3）可得：

$$\frac{\partial i_1}{\partial t_1}, \frac{\partial i_2}{\partial t_2} > 0 \tag{8-42}$$

已知 $a = v + s + 1$，易证：

$$\frac{\partial a}{\partial s} > 0 \tag{8-43}$$

依据式（8-37）和式（8-38）可得：

$$\frac{\partial t_{1}^*}{\partial s} = \frac{\partial t_{1}^*}{\partial a}\frac{\partial a}{\partial s} = \frac{1}{2(k_1 - 1)} > 0 \tag{8-44}$$

$$\frac{\partial t_{2}^*}{\partial s} = \frac{a + 2(k_1 - k_2) - \sqrt{[a + 2(k_1 - k_2)]^2 - 4(k_1 - k_2)(k_1 + 3k_2)}}{2(k_1 - k_2)\sqrt{a^2 + 4(a - k_2)(k_1 - k_2)}} > 0$$

$$\tag{8-45}$$

$$\frac{\partial t^b}{\partial s} = \frac{2a + k}{(a + k)^2} > 0 \tag{8-46}$$

依据式（8-42）可知企业 1 的研发投入也随单位补贴的增加而提高。

此外，已知 $\bar{t} = \sqrt{\frac{k_1}{k_2}}$，可得：

$$\frac{\partial \bar{t}}{\partial s} = 0 \tag{8-47}$$

命题 8.4 证毕。

命题 8.4 表明，虽然研发效率较低的企业的最优研发投入策略依赖于市场共存条件和自身的研发效率条件，但通过求导可以发现，只要企业在政府提供购置补贴之前没有投入全部研发资金，当政府提供购置补贴时，市场共享条件和自身研发效率条件决定的企业最优研发投入额度就会随着单位补贴的提高而增大，这也意味着购置补贴对研发效率较低的企业的挤入效应会随着单位补贴的增大而提高，直至企业最优研发投入额度达到自身的研发资金约束。

对产业而言，如果研发效率较低的企业在补贴前没有投入全部研发资金，由于购置补贴激励了研发效率较低的企业的研发投入，研发效率较高的企业又总是以研发最大化为目标进行研发投入，因此，购置补贴就能提高 NEVs 产业的研发投入，且激励效果随着单位补贴额度的提高而增大，直至产业内研发效率较低的企业投入全部研发资金。

第五节　数值模拟

本节使用 Mathematica（11.1）软件，选取任意数值对双寡头研发竞争均衡时研发效率寡头的最优研发投入策略、挤入效应随购置补贴的变化进行模拟。

令 NEVs 早期采纳者技术门槛服从 $x \in u\,[4,10]$，心理收益 $v=2$；NEVs 企业的技术基础 $t_0=6$，则研发投入函数为 $i=k\,(t-6)^2$，企业的研发资金总额为 $i^{\max}=40$。

令 NEVs 企业的研发效率为 1 和 20，政府提供的单位补贴额度从 0 到 3 逐渐增加。进一步，NEVs 企业最优定价为 $p^*=2+t$，需求函数为 $q=t-4$，政府提供购置补贴时 NEVs 企业的利润函数为 $\pi=$

$$\left(8+\sqrt{\frac{i}{k}}+s\right)\left(2+\sqrt{\frac{i}{k}}\right)-i_\circ$$

观察 NEVs 企业研发效率分别为 1 和 20 时，购置补贴挤入效应随着单位补贴额度提高而发生变化（见图 8-2 和图 8-3）。

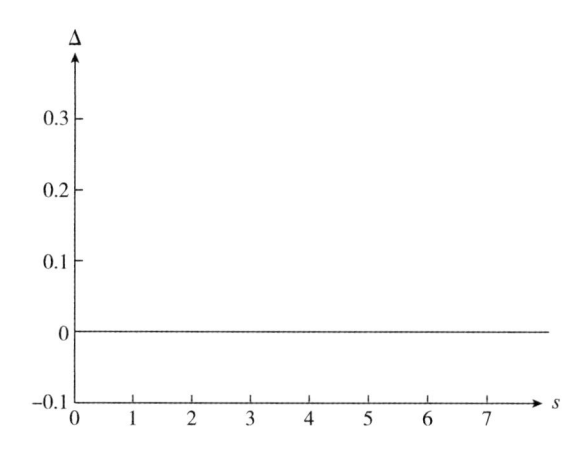

图 8-2　当 $k=1$ 购置补贴挤入效应随单位补贴额度提高的变化

由图 8-2 可知，当 NEVs 企业研发效率参数为 1 时，低于研发效率界限值 $\alpha^N=1.5$，即 NEVs 企业具有较高的研发效率，从而 NEVs 企业利润随着研发投入的提高一直保持增长，换言之，企业最优研发投入额度为 $i^*=40$。此时，随着政府提供的单位购置补贴额度的提高，企业的最优研发投入额度仍是 $i^*=40$，由于企业研发投入的边际利润不存在负值，企业总愿意投入全部研发资金，购置补贴难以产生挤入效应。

观察图 8-3（a）可以发现，当 NEVs 企业研发效率参数为 20 时，高于研发效率界限值 $\alpha^N=1.5$，即 NEVs 企业具有较低的研发效率，企业存在最优研发投入额度为 $i^*=30$。此时，随着单位补贴额度从 0 逐渐提升至 3，企业最优研发投入额度不断增长，相应地，购置补贴就会激励企业增加研发投入，产生挤入效应，当单位产品

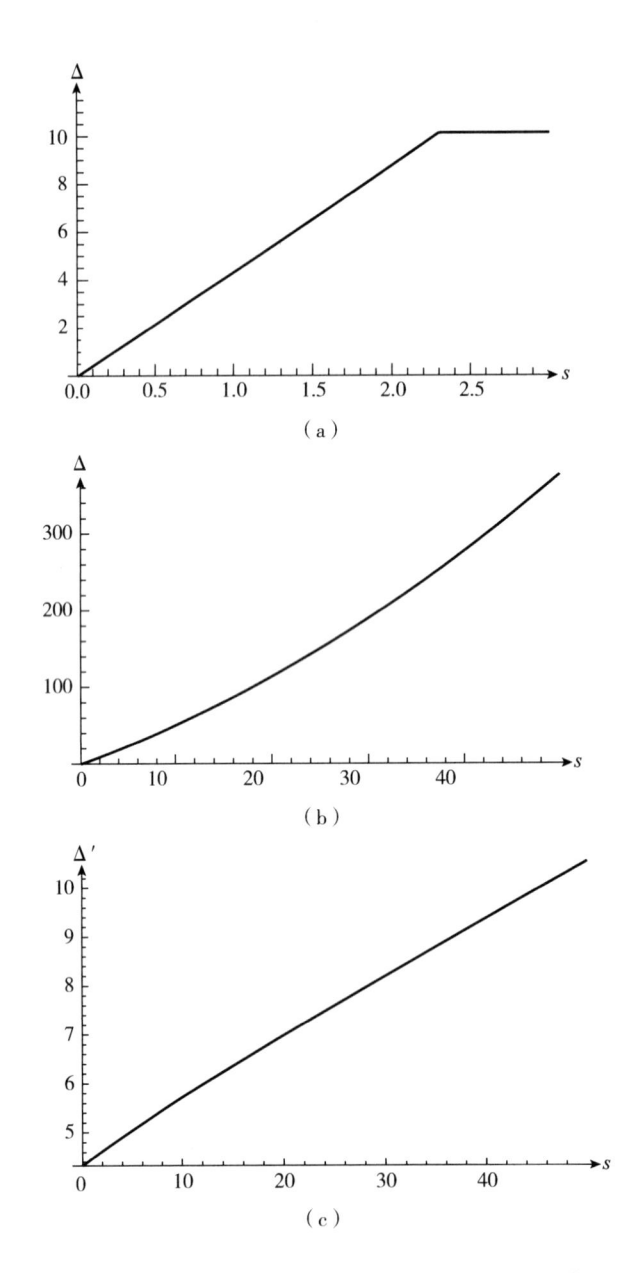

图 8-3 当 $k=20$ 购置补贴挤入效应随单位补贴额度提高的变化

额度提高到 $s=2.3$ 时，企业最优研发投入额度达到企业全部研发资金额度，即 $i^*=40$，此时，在 NEVs 企业研发资金总额约束下，即使单位购置补贴额度进一步提高，也难以再激励企业提高研发投入。

此外，如果不限制 NEVs 企业的研发资金总额，当 NEVs 研发效率为 20 时，高于研发效率界限值 $\alpha^N = 1.5$，即 NEVs 企业具有较低的研发效率，挤入效应随着单位补贴的增长而无限增长，单位补贴额度产生挤入效应的边际效用是递增的［见图 8-3（b）］，且随着研发投入的增长线性递增［见图 8-3（c）］。

第三篇

对策建议篇

第九章 政策建议

本书遵循机理分析和机制设计的研究逻辑,紧紧围绕"政府补贴政策、消费者选择行为以及 NEVs 企业"三角互动主线,重点探讨了政府补贴反馈机制、消费者选择偏好以及 NEVs 企业研发策略,就如何建立基于消费者选择行为下的 NEVs 企业研发投资策略以及调整政府补贴政策展开了充分的理论探讨。本书的系列研究结论具有极强的理论意义,是本章政策建议的依据。

一 明确补贴政策的反馈机制,降低 NEVs 企业的研发成本

结合第二章实证分析,本书发现针对不同类型的 NEVs 企业,政府存在差异化的补贴反馈机制,这意味着 NEVs 企业需要根据自身特征对应政府补贴政策,以此来缓解自身研发活动中的成本约束。

其一,考虑到企业在拥有较高创新能力的水平下,政府补贴政策更青睐于高负债的国有企业这一现实,国有企业要以积极状态迎接

创新，尽可能地加大资金投入来增加自身的研发投资，突破 NEVs 关键技术壁垒，以承担起科技创新的重要使命。然而，对于拥有较高创新能力的非国有企业而言，政府补贴政策的反馈并不积极。因此，非国有企业要建立更为细致的研发投入产出管理机制，避免自身因研发创新而陷入高负债的窘困之中。

其二，考虑到企业在拥有较低创新能力的水平下，政府补贴政策并不具备"政治倾向"和"负债偏好"，相反，NEVs 补贴政策更偏好于非国有企业这一现实。非国有企业可以避免在关键技术研发方面展开大投入，而在产品设计、流程管理以及产品精益生产方面投入更多精力，以促进较快地获取政府补贴。对于拥有较低创新能力的国有企业而言，它们仍需将重点放至关键技术研发上，以提升其自身的创新能力，进而获取更多的政府补贴资金。

二　明确补贴政策的光环效应，提升 NEVs 企业的市场融资

结合第三章实证分析，本书发现政府补贴的权威信号作用能够有效地促进 NEVs 较快地对接市场投资者，以获取债券融资和股权融资。这意味着 NEVs 企业要善于运用政府补贴的"光环效应"，加速其市场化进程。

其一，拥有政府补贴认证信号的中小型非国有企业可以获得更多的债权融资反馈。这意味着中小型、非国有企业不仅在控制权设置上要侧重于以债权为主，还要重视与债权投资人的沟通交流，侧重于以债权融资的方式获取更多研发资金；而对于大型国有企业而言，它们则应该更倾向于采取股权融资的方式来解决研发资金不足的问题。

其二，NEVs 企业也要认识到政府补贴认知信号强度对债权融资和股权融资的抑制作用。这说明政府对企业的补贴额度越多，越不利于 NEVs 企业从市场层面获取研发资金。因此，政府要避免陷入补贴资金"越多越好"的陷阱之中，以免阻碍 NEVs 产业的市场化进程。同时，NEVs 企业也要客观认识到政府补贴的扶持作用，逐步降低对政府补贴的依赖。

三　明确消费者心理收益和技术门槛，调整产品研发重心

结合第四章的实证分析，本书发现在消费者选择偏好方面，NEVs 企业和政府要客观认识 NEVs 技术、汽车产品价格、产品安全性、产品外观和心理因素在激发消费者购买 NEVs 方面的重要性。

其一，NEVs 企业要重视从满足消费者需求角度来从事产品研发和车型设计，着力提升产品在乘用车市场的接纳程度，以降低消费者的心理门槛。具体而言，NEVs 企业可以通过顾客参与创新和产品设计、个性化定制等方式来满足消费者的多元化需求。同时，NEVs 企业也要重视企业 CRM 的建立，定期做好顾客反馈，针对性地调整产品创新方向。

其二，政府在对 NEVs 企业开展补贴时要考虑到消费者需求的独特作用，依托技术和心理门槛作为补贴标准，以此筛选目标企业，提升补贴效率。

其三，NVEs 企业要加大对 NEVs 产品环保层面的宣传力度，积极提升消费者的心理收益，以满足消费者对 NEVs 的心理效用。

其四，NEVs 企业要重点加大对 NEVs 技术的开发，以满足消费者的最低心理和技术门槛。但是，心理和技术门槛仅仅作为一种保健因素，过高的技术开发投入不仅不会提升企业利润，反而会增

加企业成本。因此，NEVs企业要明确利润最大化原则，在达到技术门槛的前提下，不需要将更多的关注点放在技术开发上。

四　细化共知信念判断标准，发挥补贴政策的信号机制

NEVs企业研发创新活动与政府补贴反馈均建立于市场共知信念之上（例如计划、纲要），共知信念的价值不仅能够帮助政府快速地筛选出优质创新企业，还有助于帮助企业明确创新方向，以获取更丰富的创新资源。基于此，政府应该着力提升信念的显性程度，借鉴更多可视化的指标，例如研发投入金额、研发投入人数、研发计划或者纲要等，对NEVs企业创新强度进行客观评价。

进一步，信念标准的构建也要考虑到企业发展现状，根据企业规模、行业特性、技术壁垒、研发周期以及商业环境等因素客观地反映企业真实的创新能力信息。同时，要秉持长期动态的创新信号追踪原则，结合企业现实情况调整和修正信念判断标准，对不同创新能力的企业给予差异化的补贴区间。一方面，依托信念判断标准识别主动创新企业并通过给予补贴来缓解其创新成本。另一方面，对于政策迎合创新的企业，明确的信念判断标准可以降低投机信号所带来的信息干扰，政府以此标准可以实现对企业创新活动的实时监督，进而提升政府补贴的激励效果和企业创新的研发效率。

五　明确NEVs企业发展目标，发挥多元化补贴政策激励效果

结合第五章至第八章的模型分析，本书发现不同类型的补贴政策会对NEVs企业研发策略和预期目标产生不同的激励效果，这意

味着政府要科学运用不同补贴政策的激励作用。

其一，政府应当积极运用购置补贴促进NEVs销量提升。通过理论模型分析，本书认识当NEVs企业的目标为追求NEVs销量最大化，且研发资金不足时，政府可以通过实施购置补贴来降低消费者的购买成本，以此达到NEVs销量最大化。但是，如果NEVs企业的研发资金充足时，它们会通过自身的研发活动来达到销量最大化，因此，政府不必对企业进行补贴。这意味着政府需要结合企业的现实目标来正确实施购置补贴。

但是，购置补贴并不能很好地激励NEVs企业增加其研发投资。相反，当NEVs企业的目标为追求利润最大化时，购置补贴会导致NEVs企业降低研发投入。这意味着政府并不能通过购置补贴的实施来达到激励NEVs企业增加研发投资的目的，因此，需要考虑与其他补贴政策共同使用。

其二，政府应该充分认识到研发成果补贴对激发NEVs销量具有独特作用，但也要认识到研发成果补贴在激发NEVs企业研发投入方面应用范围较小。通过理论模型分析，本书发现研发成果补贴可以通过增加NEVs企业研发投资和利润的方式来提高NEVs技术水平和销量，但其应用范围很小，尤其是当NEVs企业的目标为追求销量最大化时，研发成果补贴与NEVs企业的研发投资并无关系。只有当NEVs企业的目标是追求利润最大化时，若政府的研发成果补贴目标为销量最大化，政府按其资金上限给予企业研发成果补贴，才能激励企业开展研发投资。这说明政府并不能依靠研究成果补贴来激发企业增加研发投入。

因此，政府可以通过采用研发成果补贴的方式来提升NEVs的销量，以此扩大NEVs的市场份额。但对于激发NEVs企业增加其研发投资而言，研发成果补贴的效果并不明显，政府仍需要结合一些事前补贴方式来提高补贴政策对企业的激励作用。

其三，政府应该大力提升绿色信贷补贴的运用范围，激发NEVs增加研发投资。通过理论模型分析，本书认识到无论考虑到NEVs企业的目标是追求销量最大化还是利润最大化，绿色信贷补贴政策都能够通过为NEVs提供研发资金的方式来促进其研发创新。因此，政府要大力提升绿色信贷这一事前补贴并以此来激发NEVs企业增加研发投入，进而达到提升技术水平的目的。

其四，政府在运用产品补贴来激发NEVs企业增加研发投入时，要认识到其激励效应在研发效率较低且并未投入全部研发资金的企业中更为明显。这意味着若政府想采取产品补贴的方式来激发NEVs企业研发投资，政府应该更加侧重于对研发效率较低的企业进行补贴。

附 录

A. 消费者选择新能源汽车问卷

《基于消费者选择行为的新能源汽车研发财政资助政策研究》
消费者调查问卷

本次调查旨在了解您对购买新能源汽车的真实情况，问卷中的问题并无对错之分，此次调查为匿名调查，请根据您最真实的状况来填写，我们将对您的信息进行严格保密。此次调查的结果主要用来研究消费者对新能源汽车的购买意愿，最终研究结论将作为制定政策依据的参考。

再次感谢您对本次调查工作的支持。

A 受访者基本情况

A1 您所在地区是_____省_____市_____县（区）_____街道；

A2 您的性别：
□男　　　□女；

A3 您的年龄：
□≤25 岁　□26—30 岁　□31—35 岁　□36—45 岁　□≥46 岁；

续表

A4 您是否结婚:
□已婚 □未婚;

A5 您的文化程度:
□高中及以下 □专科 □本科 □硕士 □博士;

A6 您的职业是:_____;

A7 您的年均收入:
□≤5 万 □5—15 万 □15—25 万 □25—35 万 □≥35 万;

A8 您家庭总人口_____人;小孩数量为_____个;

A9 您家有驾照人数为_____人;

A10 您现在居住在:
□主城区 □郊区 □区县 □乡镇 □农村;

B 汽车拥有基本情况

B1 您现在是否拥有私家车:□有 □无;
(如果有私家车,请填写) B1a 您购买私家车的价格是_____万;私家车的品牌是_____;

B2 您家中拥有私家车的数量是:
□0 辆 □1 辆 □2 辆 □3 辆 □3 辆以上;

B3 您是否了解新能源汽车:
□非常了解 □了解 □不确定 □不了解 □非常不了解;

B4 您现在是否拥有新能源汽车:
□有 □无;

B5 您是否愿意购买新能源汽车:
□非常愿意 □愿意 □不确定 □不愿意 □非常不愿意;

B6 您的亲朋好友购买新能源汽车的比例:
□非常多 □较多 □一般 □不多 □很少;

B7 您最熟悉的新能源汽车品牌(前 5 名):
_____;_____;_____;_____;_____;

B8 如果有机会,您是否愿意购买新能源汽车:
□非常愿意 □愿意 □不确定 □不愿意 □非常不愿意;

C 新能源汽车发展现状

C2 购买新能源汽车能很好地解决环境问题：
□十分同意　□同意　□一般　□不同意　□非常不同意；

C3 与传统汽车相比，新能源汽车要更酷一些：
□十分同意　□同意　□一般　□不同意　□非常不同意；

C4 与传统汽车相比，驾驶新能源汽车的体验要强很多：
□十分同意　□同意　□一般　□不同意　□非常不同意；

C5 新能源汽车的普及能够推动汽车工业的发展：
□十分同意　□同意　□一般　□不同意　□非常不同意；

C6 如果周围的朋友购买了新能源汽车，我也会考虑购买：
□十分同意　□同意　□一般　□不同意　□非常不同意；

C7 国家对新能源汽车的补贴很大：
□十分同意　□同意　□一般　□不同意　□非常不同意；

C8 新能源汽车的补贴方式很多：
□十分同意　□同意　□一般　□不同意　□非常不同意；

C9 与传统汽车相比，办理新能源汽车贷款速度很快：
□十分同意　□同意　□一般　□不同意　□非常不同意；

C10 与传统汽车相比，新能源汽车的优惠更多：
□十分同意　□同意　□一般　□不同意　□非常不同意；

C11 当我准备购买新能源汽车时，会考虑最大行程里程：
□十分同意　□同意　□一般　□不同意　□非常不同意；

C12 当我准备购买新能源汽车时，会考虑充电时长：
□十分同意　□同意　□一般　□不同意　□非常不同意；

C13 当我准备购买新能源汽车时，会考虑充电设施的便利性：
□十分同意　□同意　□一般　□不同意　□非常不同意；

C14 当我准备购买新能源汽车时，会考虑电池寿命：
□十分同意　□同意　□一般　□不同意　□非常不同意；

C15 当我准备购买新能源汽车时，会考虑它的技术成熟度：
□十分同意　□同意　□一般　□不同意　□非常不同意；

C16 当我准备购买新能源汽车时，会考虑它的售后服务：
□十分同意　□同意　□一般　□不同意　□非常不同意；

附 录

续表

C2 购买新能源汽车能很好地解决环境问题：
□十分同意　□同意　□一般　□不同意　□非常不同意；

C17 当我准备购买新能源汽车时，会考虑它的外观：
□十分同意　□同意　□一般　□不同意　□非常不同意；

B. 课题组主要阶段性成果

序号	成果名称	成果形式	作者	出版社及出版时间或发表刊物及刊物年期
1	R&D investment in new energy vehicles with purchase subsidy based on technology adoption life cycle and customers' choice behaviour	论文	冯潇、黄波、李宇雨	IET Intelligent Transport Systems, 2020, 11
2	企业与政府间的创新信号传递与反馈研究	论文	冯潇、孟卫东、黄波、张尔聪	科学与科学技术管理, 2020, 08
3	Impact of product subsidies on R&D investment for new energy vehicle firms: Considering quality preference of the early adopter group	论文	孟卫东、王晔、李宇雨、黄波	PLoS One, 2020, 07
4	Collaborative R&D and pricing policy of supply chain under the selection behavior of heterogeneous customer.	论文	黄波、Thomas L. Saaty、李宇雨	Mathematical Problems in Engineering, 2019, 05
5	基于改进两阶段 DEA 模型的区域研发创新效率研究——来自 30 省份的实证数据	会议	李宇雨、黄波、傅博	Proceedings of 2018 3rd International Conference on Economics, Finance and Management Science

参考文献

一 中文文献

安同良、周绍东、皮建才:《R&D 补贴对中国企业自主创新的激励效应》,《经济研究》2009 年第 10 期。

曹霞等:《市场机制和政府调控下的产学研合作创新网络演化博弈仿真——以新能源汽车产业为例》,《系统管理学报》2020 年第 3 期。

曹献飞:《政府补贴与企业研发投资——基于倾向评分匹配倍差法的经验研究》,《经济问题探索》2014 年第 9 期。

程永伟、穆东:《基于 SD 动态博弈的新能源汽车供应链补贴策略优化》,《中国人口·资源与环境》2018 年第 3 期。

池仁勇、阮鸿鹏、於珺:《新能源汽车产业政府补助与市场融资的创新激励效应》,《科研管理》2021 年第 5 期。

高伟、胡潇月:《新能源汽车政策效应:规模抑或创新中介?》,《科研管理》2020 年第 4 期。

高秀平、彭月兰:《我国新能源汽车财税政策效应与时变研究——基于 A 股新能源汽车上市公司的实证分析》,《经济问题》2018 年第 1 期。

高伟、胡潇月：《不同市场结构下新能源汽车补贴政策对企业研发投入影响分析》，《工业技术经济》第 2019 年第 12 期。

韩超：《战略性新兴产业政策依赖性探析——来自地方政府补贴视角的实证检验》，《经济理论与经济管理》2014 年第 11 期。

孔东民、刘莎莎、王亚男：《市场竞争、产权与政府补贴》，《经济研究》2013 年第 2 期。

黎文靖、郑曼妮：《实质性创新还是策略性创新？——宏观产业政策对微观企业创新的影响》，《经济研究》2016 年第 4 期。

李创、叶露露、王丽萍：《新能源汽车消费促进政策对潜在消费者购买意愿的影响》，《中国管理科学》2021 年第 3 期。

李国栋、罗瑞琦、谷永芬：《政府推广政策与新能源汽车需求：来自上海的证据》，《中国工业经济》2019 年第 4 期。

李国栋、罗瑞琦、张鸿：《推广政策对新能源汽车需求的影响——基于城市和车型销量数据的研究》，《上海对外经贸大学学报》2019 年第 2 期。

李莉、高洪利、陈靖涵：《中国高科技企业信贷融资的信号博弈分析》，《经济研究》2015 年第 6 期。

李兆友、齐晓东：《政府财政政策，企业 R&D 投入和专利产出关系研究——基于我国新能源汽车上市公司面板数据》，《辽宁大学学报》（哲学社会科学版）2017 年第 45 期。

林倩云等：《基于"学习曲线"的我国纯电动汽车价格补贴及其可持续性研究》，《管理现代化》2019 年第 3 期。

柳光强：《税收优惠、财政补贴政策的激励效应分析——基于信息不对称理论视角的实证研究》，《管理世界》2016 年第 10 期。

马亮、仲伟俊、梅姝娥：《政府补贴、准入限制与新能源汽车产业发展》,《上海经济研究》2017年第4期。

孟庆阔:《新能源汽车补贴大幅下滑,会给行业造成怎样的影响?》,《专用汽车》2019年第5期。

祁特、陈良华、王惠庆:《政府R&D补贴与新能源汽车企业创新绩效关系的实证分析——基于R&D支出和技术水平中介调节效应》,《预测》2020年第5期。

邵敏、包群:《地方政府补贴企业行为分析:扶持强者还是保护弱者?》,《世界经济文汇》2011年第1期。

邵敏、包群:《政府补贴与企业生产率——基于我国工业企业的经验分析》,《中国工业经济》2012年第7期。

邵慰、杨珂、梁杰:《政府补贴、研发激励与新能源汽车创新》,《科技进步与对策》2018年第15期。

孙晓华、徐帅:《政府补贴对新能源汽车购买意愿的影响研究》,《大连理工大学学报》(社会科学版)2018年第3期。

王红建、李青原、邢斐:《金融危机,政府补贴与盈余操纵——来自中国上市公司的经验证据》,《管理世界》2014年第7期。

王克敏、刘静、李晓溪:《产业政策、政府支持与公司投资效率研究》,《管理世界》2017年第3期。

武咸云、陈艳、杨卫华:《战略性新兴产业的政府补贴与企业R&D投入》,《科研管理》2016年第5期。

肖兴志、王伊攀:《政府补贴与企业社会资本投资决策——来自战略性新兴产业的经验证据》,《中国工业经济》2014年第9期。

熊勇清、黄恬恬、李小龙:《新能源汽车消费促进政策实施效果的区域差异性——"购买"和"使用"环节政策比较视角》,《中国人口·资源与环境》2019年第5期。

熊勇清、李小龙:《新能源汽车产业供需双侧政策对潜在消费者的影响》,《中国人口·资源与环境》2018 年第 6 期。

熊勇清、李小龙、黄恬恬:《基于不同补贴主体的新能源汽车制造商定价决策研究》,《中国管理科学》2020 年第 8 期。

熊勇清、秦书锋:《新能源汽车供需双侧政策的目标用户感知满意度差异分析》,《管理学报》2018 年第 6 期。

严建援等:《个性化产品在线定制意愿影响因素研究——基于计划行为理论的分析》,《预测》2016 年第 6 期。

杨国超、刘静、廉鹏:《减税激励、研发操纵与研发绩效》,《经济研究》2017 年第 8 期。

杨洋、魏江、罗来军:《谁在利用政府补贴进行创新?——所有制和要素市场扭曲的联合调节效应》,《管理世界》2015 年第 1 期。

于明超、孙晋云:《政府扶持与中国新能源汽车产业生产效率——基于四阶段 DEA 模型的实证分析》,《华东经济管理》2018 年第 7 期。

余明桂、回雅甫、潘红波:《政治联系、寻租与地方政府财政补贴有效性》,《经济研究》2010 年第 3 期。

昝欣、欧国立:《"补贴退坡"背景下补贴模式异质性与消费者购买行为的博弈研究》,《中央财经大学学报》2021 年第 5 期。

张彩江、陈璐:《政府对企业创新的补助是越多越好吗?》,《科学学与科学技术管理》2016 年第 11 期。

张厚明:《我国新能源汽车市场产能过剩危机的成因与对策研究》,《科学管理研究》2018 年第 3 期。

张萍:《新能源汽车财税政策研究》,《经济研究导刊》2017 年第 35 期。

张倩倩、周铭山、董志勇:《研发支出资本化向市场传递了公司价值吗?》,《金融研究》2017 年第 6 期。

赵璨、王竹泉、杨德明:《企业迎合行为与政府补贴绩效研究——基于企业不同盈利状况的分析》,《中国工业经济》2015 年第 7 期。

郑贵华、李呵莉、潘博:《财政补贴和税收优惠对新能源汽车产业 R&D 投入的影响》,《财经理论与实践》2019 年第 4 期。

周燕、潘遥:《财政补贴与税收减免——交易费用视角下的新能源汽车产业政策分析》,《管理世界》2019 年第 10 期。

楼继伟:《完善财政政策　创新体制机制　加快提升新能源汽车产业水平》,《中国财政报》2016 年 1 月 26 日第 1 版。

二　英文文献

Aasness, M. A., Odeck, "The Increase of Electric Vehicle Usage in Norway—Incentives and Adverse Effects", *European Transport Research Review*, Vol. 7, No. 2, 2015, pp. 1 – 8.

Aizawa, M., Yang, C., "Green Credit, Green Stimulus, Green Revolution? China's Mobilization of Banks for Environmental Cleanup", *The Journal of Environment & Development*, Vol. 19, No. 2, 2010, pp. 119 – 144.

Albrecht, J. A., "Policy Instruments and Incentives for Environmental R&D: A Market-driven Approach", *Fondazione Eni Enrico Mattei Working Paper*, Vol. 17, No. 99, 1999, p. 32.

Arrow, K. J., "Economic Welfare and The Allocation of Resources for Invention, The Rate and Direction of Inventive Activity: Economic and Social Factors", *National Bureau of Economic Research*, 1962.

Asfaw, S., Shiferaw, B., Simtowe, F., "Impact of Modern Agricultural Technologies on Smallholder Welfare: Evidence from Tanzania and Ethiopia", *Food Policy*, Vol. 37, No. 3, 2012, pp. 283 – 295.

Bai, Y., Song, S., Jiao, J., Yang, R., "The Impacts of Government R&D Subsidies on Green Innovation: Evidence from Chinese Energy-intensive Firms", *Journal of Cleaner Production*, Vol. 23, No. 3, 2019, pp. 819 – 829.

Barney, J., "Special theory forum the resource-based model of the firm: origins, implications, and prospects", *Journal of Management*, Vol. 17, No. 1, 1991, pp. 97 – 98.

Barth, M., Jugert, P., Fritsche, I., "Still Underdetected Social Norms and Collective Efficacy Predict The Acceptance of Electric Vehicles in Germany", *Transprotation Reserach Part F: Traffic Psychology Behavior*, No. 37, 2016, pp. 64 – 77.

Bergek, A., Berggren, C., KITE Research Group "The Impact of Environmental Policy Instruments on Innovation: A Review of Energy and Automotive Industry Studies", *Ecological Economics*, No. 106, 2014, pp. 112 – 123.

Bergh, D. D., Gibbons, P., "The stock market reaction to the hiring of management consultants: A signalling theory approach", *Journal of Management Studies*, Vol. 48, No. 3, 2011, pp. 544 – 567.

Bhattacharya, S., "An Exploration of Nondissipative Dividend-signaling Structures", *Journal of Financial and Quantitative Analysis*, Vol. 14, No. 4, 1979, pp. 667 – 668.

Bjerkan, K. Y., Nørbech, T. E., Nordtømme, M. E., "Incentives for Promoting Battery Electric Vehicle (BEV) Adoption in Norway", *Transportation Reserch Part D: Transport Environment*, No. 43, 2016, pp. 169 –

180.

Blanes, J. V., Busom, I., "Who Participates in R&D Subsidy Programs", *Research Policy*, Vol. 33, No. 10, 2004, pp. 1459 – 1476.

Cameron, A. C., Miller, D. L., "A Practitioner's Guide to Cluster-robust Inference", *Journal of Human Resources*, Vol. 50, No. 2, 2015, pp. 317 – 372.

Campiglio, E., "Beyond Carbon Pricing, The Role of Banking and Monetary Policy in Financing the Transition to A Low-carbon Economy", *Ecological Economics*, Vol. 121, No. 1, 2016, pp. 220 – 230.

Cantner, U., Kösters, S., "Picking The Winner? Empirical Evidence on The Targeting of R&D Subsidies to Start-ups", *Small Business Economics*, Vol. 39, No. 7, 2012, pp. 921 – 936.

Carley, S., Krause, R. M., Lane, B. W., Graham, J. D., "Intent to Purchase A Plug-in Electric Vehicle: A Survey of Early Impressions in Large US Cites", *Transport Environment*, No. 17, 2013, pp. 39 – 45.

Catozzella, A., Vivarelli, M., "The Possible Adverse Impact of Innovation Subsidies: Some Evidence from Italy", *International Entrepreneurship and Management Journal*, Vol. 12, No. 2, 2016, pp. 351 – 368.

Cecere, G., Corrocher, N., Guerzoni, M., "Price or Performance? A Probabilistic Choice Analysis of The Intention to Buy Electric Vehicles in European Countries", *Energy policy*, No. 118, 2018, pp. 19 – 32.

Cerulli, G., "Modelling and Measuring TThe Effect of Public Subsidies on Business R&D: A Critical Review of The Econometric Literature", *Economic Record*, Vol. 84, No. 274, 2010, pp. 421 – 449.

Chakravarty, S., Kaplan, T. R., "Optimal Allocation without Transfer Payments", *Games and Economic Behavior*, Vol. 77, No. 1, 2013, pp. 1 – 20.

Chen, K., Zhao, F., Hao, H., Liu, Z., "Synergistic Impacts of China's Subsidy Policy and New Energy Vehicle Credit Regulation on The Technological Development of Battery Electric Vehicles", *Energies*, No. 11, 2018, pp. 3193 – 3302.

Chen, Liu, H. C., Xie, F., "Green Credit and Manufacturer R&D Level: Empirical Research Based on Threshold Effects", *Sustainability*, Vol. 11, No. 7, 2019, pp. 18 – 19.

Chen, T., Tribbitt, M. A., Yang, Y., "Does Rivals' Innovation Matter? A Competitive Dynamics Perspective on Firms' Product Strategy", *Journal of Business Research*, No. 76, 2017, pp. 1 – 7.

Cheng, G., Xie, F. J., "Design and Application of Government Direct Subsidies for Innovation", *Science and Technology Management Research*, Vol. 29, No. 5, 2009, pp. 6 – 7.

Chu, W., Im, M., Song, M. R., Park, J., "Psychological and Behavioral Factors Affecting Electric Vehicle Adoption and Satisfaction: A Comparative Study of Early Adopters in China and Korea", *Transportation Research Part D: Transport and Environment*, No. 76, 2019, pp. 1 – 18.

Connelly, B. L., Certo, S. T., Ireland, R. D., "Signaling Theory: A Review and Assessment", *Journal of Management*, Vol. 37, No. 1, 2010, pp. 39 – 67.

Connelly, B. L., et al., "Signaling theory: A review and assessment", *Journal of Management*, Vol. 37, No. 1, 2011, pp. 39 – 67.

Corsatea, T. D., Giaccaria, S., Arántegui, R. L., "The Role of Sources of Finance on The Development of Wind Technology", *Renewable Energy, Vol. 66, No. 6, 2013, pp. 140 – 149.

Czarnitzki, D., Hussinger, K., "Input and Output Additionality of R&D Subsidies", *Applied Economics*, Vol. 50, No. 12, 2018, pp. 1324 – 1341.

Czarnitzki, D., Licht, G., "Additionality of Public R&D Grants in A Transition Economy, The Case of Eastern Germany", *The Economics of Transition*, Vol. 14, No. 1, 2018, pp. 101 – 131.

David, P. A., Hall, B. H., Toole, A. A., "Is Public R&D A Complement or Substitute for Private R&D? A Review of Econometric Evidence", *Research Policy*, Vol. 29, No. 4, 2000, pp. 497 – 529.

Di Falco, S., Veronesi, M., Yesuf, M., "Does Adaptation to Climate Change Provide Food Security? A Micro-Perspective from Ethiopia", *American Journal of Agricultural Economics*, Vol. 93, No. 3, 2011, pp. 829 – 846.

Dimos, C., Pugh, G., "The Effectiveness of R&D Subsidies: A Meta-Regression Analysis of The Evaluation Literature", *Research Policy*, Vol. 45, No. 1, 2016, pp. 797 – 815.

Dinh, T., Kang, H., Schultze, W., "Capitalizing Research & Development: Signaling or Earnings Management", *European Accounting Review*, Vol. 25, No. 1, 2015, pp. 373 – 401.

Egbue, O., Long, S., "Barriers to Widespread Adoption of Electric Vehicles: An Analysis of Consumer Attitudes and Perceptions", *Energy Policy*, No. 48, 2012.

Ewing, G., Sarigöllü, E., "Assessing Consumer Preferences for Clean-Fuel Vehicles: A Discrete Choice Experiment", *Journal of Public Policy & Marketing*, No. 19, 2000, pp. 106 – 118.

Farias, V. F., Jagabathula, S., Shah, D., "A Nonparametric Approach to Modeling Choice with Limited Data", *Management Science*, Vol. 259, No. 2, 2013, pp. 305 –322.

Feldman, M. P., Kelley, M. R., "The ante assessment of knowledge spillovers: Government R&D policy, economic incentives and private firm behavior", *Research policy*, Vol. 35, No. 10, 2006, pp. 1509 –1521.

Feng, X., Huang, B., Li, Y., "R&D Investment in New Energy Vehicles with Purchase Subsidy Based on Technology Adoption Life Cycle and Customers Choice Behaviour", *IET Intelligent Transport Systems*, Vol. 14, No. 11, 2020, pp. 1371 –1377.

Finkelstein, S., "Interindustry merger patterns and resource dependence: A replication and extension of Pfeffer (1972)", *Strategic Management Journal*, Vol. 18, No. 10, 1997, pp. 787 –810.

Gallagher, K. S., Muehlegger, E., "Giving Green to Get Green? Incentives and Consumer Adoption of Hybrid Vehicle Technology", *Journal of Environmental Economics and Management*, No. 45, 2011, pp. 1 –15.

Gass, V., Schmidt, J., Schmid, E., "Analysis of Alternative Policy Instruments to Promote Electric Vehicles in Austria", *Renewable Energy*, No. 61, 2014, pp. 96 –101.

Ghasri, M., Ardeshiri, A., Rashidi, T. H., "Perception Towards Electric Vehicles and The Impact on Consumers' Preference", *Transportation Research Part D Transport and Environment*, No. 77, 2019, pp. 271 –291.

Graham-Rowe, E., et al., "Mainstream Consumers Driving Plug-In Battery-Electric and Plug-In Hybrid Electric Cars: A Qualitative

Analysis of Responses and Evaluations", *Transportation Research Part A: Policy Practice*, Vol. 46, No. 1, 2012, pp. 140 – 153.

Görg, H., Strobl, E., "The Effect of R&D Subsidies on Private R&D", *Economica*, Vol. 74, No. 294, 2007, pp. 215 – 234.

Hackbarth, A., Madlener, R., "Consumer Preferences for Alternative Fuel Vehicles: A Discrete Choice Analysis", *Transportation Research Part D*, Vol. 25, 2013, pp. 5 – 17.

Hackbarth, A., Madlener, R., "Willingness-To-Pay for Alternative Fuel Vehicle Characteristics: A Stated Choice Study for Germany", *Transportation Research Part A: Policy and Practice*, Vol. 85, 2016, pp. 89 – 111.

Hannan, M. T., Freeman, J., "Structural Inertia and Organizational Change", *American Sociological Review*, Vol. 49, No. 2, 1984, pp. 149 – 164.

Hao, H., et al., "China's Electric Vehicle Subsidy Scheme: Rationale and Impacts", *Energy Policy*, Vol. 73, 2014, pp. 722 – 732.

Hardman, S., et al., "Consumer Attitudes to Fuel Cell Vehicles Post Trial in The United Kingdom", *International Journal of Hydrogen Energy*, Vol. 41, No. 15, 2016, pp. 6171 – 6179.

Hardman, S., Tal, G., "Who Are The Early Adopters of Fuel Cell Vehicles?", *International Journal of Hydrogen Energy*, Vol. 43, No. 37, 2018, pp. 17857 – 17866.

Harley, Y. X., et al., "Does The DHET Research Output Subsidy Model Penalise High-Citation Publication? A Case Study", *South African Journal of Science*, Vol. 112, No. 5 – 6, 2016, pp. 1 – 3.

Harris, F., Navarro, P., "Promoting Wind Energy Development in

An Era of Restructuring", *The Electricity Journal*, Vol. 13, No. 1, 2000, pp. 34 – 39.

Hassine, H. B., Mathieu, C., "R&D Crowding Out or R&D Leverage Effects: An Evaluation of The French Cluster-Oriented Technology Policy", *Technological Forecasting and Social Change*, Vol. 155, 2020, pp. 12 – 25.

He, L., Chen, W., Conzelmann, G., "Impact of Vehicle Usage on Consumer Choice of Hybrid Electric Vehicles", *Transportation Research Part D: Transport & Environment*, Vol. 17, 2012, pp. 208 – 214.

He, L., el al., "Green Credit, Renewable Energy Investment and Green Economy Development: Empirical Analysis Based on 150 Listed Companies of China", *Journal of Cleaner Production*, Vol. 208, No. 1, 2019, pp. 363 – 372.

He, X., Zhan, W., Hu, Y., "Consumer Purchase Intention of Electric Vehicles in China: The Roles of Perception and Personality", *Journal of Cleaner Production*, Vol. 204, No. 12, 2018, pp. 1060 – 1069.

Helveston, J. P., et al., "Will Subsidies Drive Electric Vehicle Adoption? Measuring Consumer Preferences in The U. S. and China", *Transportation Research Part A*, Vol. 73, 2015, pp. 96 – 112.

Hidrue, M. K., et al., "Willingness to Pay for Electric Vehicles and Their Attributes", *Resour Energy Economics*, Vol. 33, No. 3, 2011, pp. 686 – 705.

Hoen, A., Koetse, M. J., "A Choice Experiment on Alternative Fuel Vehicle Preferences of Private Car Owners in The Netherlands", *Transportaton Research Part A: Policy Practice*, Vol. 61, 2014, pp. 199 – 215.

Hu, H., et al., "Impact of Technology Innovation on Air Quality—An Empirical Study on New Energy Vehicles in China", *International Journal of Environmental Research and Public Health*, Vol. 18, No. 8, 2021, pp. 25 – 40.

Huang, B., Cheng, H., Huang, W., "Research on Revenue Sharing Mechanism in Collaborative Innovation with Venture Capital Fund of Funds", *Chinese Journal of Management Science*, Vol. 23, No. 3, 2015, pp. 66 – 75.

Huergo, E., Moreno, L., "Subsidies or Loans? Evaluating The Impact of R&D Support Programmes", *Research Policy*, Vol. 46, No. 7, 2017, pp. 1198 – 1214.

Jensen, A. F., Cherchi, E., Mabit, S. L., "On The Stability of Preferences and Attitudes before and after Experiencing An Electric Vehicle", *Transportation Research Part D: Transport and Environment*, Vol. 25, 2013, pp. 24 – 32.

Jensen, A. F., Mabit, S. L., "The Use of Electric Vehicles: A Case Study on Adding An Electric Car yo A Household", *Transportation Research Part A: Policy and Practice*, Vol. 106, 2017, pp. 89 – 99.

Jiang, C., el al., "The Effectiveness of Government Subsidies on Manufacturing Innovation: Evidence from The New Energy Vehicle Industry in China", *Sustainability*, Vol. 10, No. 6, 2018, pp. 1692 – 1703.

Jiang, C., et al., "The Impact of Purchase Subsidy on Enterprises' R&D Efforts: Evidence from China's New Energy Vehicle Industry", *Sustainability*, Vol. 12, No. 3, 2020, pp. 1105 – 1114.

Jiang, X. L., Li, Y. L., "Game Analysis of The Influence of Government Subsidies on Enterprise Technology Innovation", *Special Zone Economy*, Vol. 34, No. 11, 2018, pp. 56 – 60.

Jin, X., et al., "Factors Influencing The Development Ability of Intelligent Manufacturing of New Energy Vehicles Based on A Structural Equation Model", *ACS omega*, Vol. 5, No. 29, 2020, pp. 18262 – 18272.

Jing, W., et al., "Congestion Patterns of Electric Vehicles with Limited Battery Capacity", *PloS One*, Vol. 13, No. 3, 2018, pp. 194 – 354.

Kesavayuth, D., Zikos, V., "R&D Versus Output Subsidies in Mixed Markets", *Economics Letters*, Vol. 118, No. 2, 2013, pp. 293 – 296.

Kleer, R., "Government R&D Subsidies as A Signal for Private Investors", *Research Policy*, Vol. 39, No. 10, 2010, pp. 1361 – 1374.

Ko, W., Hahn, T., "Analysis of Consumer Preferences for Electric Vehicles", *IEEE Trans Smart Grid*, Vol. 4, No. 1, 2013, pp. 437 – 442.

Kwon, Y., Son, S., Jang, K., "Evaluation of Incentive Policies for Electric Vehicles: An Experimental Study on Jeju Island", *Transportation Research Part A: Policy and Practice*, Vol. 116, 2018, pp. 404 – 412.

Lee, L., "Unionism and Wage Rates: A Simultaneous Equations Model with Qualitative and Limited Dependent Variables", *International Economic Review*, Vol. 19, No. 2, 1978, pp. 415 – 433.

Lee, S. H., Tomaru, Y., "Output and R&D Subsidies in A Mixed Oligopoly", *Operations Research Letters*, Vol. 45, No. 3, 2017, pp. 238 – 241.

Lerner, J., "The government as venture capitalist: The long-run impact of the SBIR program", *Journal of Business*, Vol. 72, No. 3,

1999, pp. 285 – 318.

Lerner, J., "When Bureaucrats Meet Entrepreneurs: The Design of Effective 'Public Venture Capital' Programmes", *The Economic Journal*, Vol. 112, No. 477, 2002, pp. 73 – 84.

Li, J., "Charging Chinese Future: The Roadmap of China's Policy for New Energy Automotive Industry", *International Journal of Hydrogen Energy*, Vol. 45, No. 20, 2020, pp. 11409 – 11423.

Li, W., et al., "A Review of Factors Influencing Consumer Intentions to Adopt Battery Electric Vehicles", *Renewable and Sustainable Energy Reviews*, Vol. 78, 2017, pp. 318 – 328.

Li, W., et al., "Effects of Personal Carbon Trading on The Decision to Adopt Battery Electric Vehicles: Analysis Based on A Choice Experiment in Jiangsu, China", *Applied Energy*, Vol. 209, 2018, pp. 478 – 488.

Li, W., et al., "Public Preference for Electric Vehicle Incentive Policies in China: A Conjoint Analysis", *International journal of environmental research and public health*, Vol. 17, 2020, p. 318.

Li, W., et al., "Willingness to Pay for Hydrogen Fuel Cell Electric Vehicles in China: A Choice Experiment Analysis", *International Journal of Hydrogen Energy*, Vol. 45, No. 59, 2020, pp. 34346 – 34353.

Li, W., et al., "Would Personal Carbon Trading Enhance Individual Adopting Intention of Battery Electric Vehicles More Effectively than A Carbon Tax?", *Resources, Conservation and Recycling*, Vol. 149, 2019, pp. 638 – 645.

Li, W., Long, R. & Chen, H., "Consumers' Evaluation of National New Energy Vehicle Policy in China: An Analysis Based on A Four Paradigm Model", *Energy Policy*, Vol. 99, 2016, pp. 33 – 41.

Li, Y. , et al. , "Substitution Effect of New-Energy Vehicle Credit Program and Corporate Average Fuel Consumption Regulation for Green-Car Subsidy", *Energy*, Vol. 152, 2018, pp. 223 – 236.

Li, Y. Y. , Huang, B. , "Product Selection and Pricing Policy of ATO Manufacturer Based on Customer Choice Behavior", *Computer Integrated Manufacturing Systems*, Vol. 21, No. 11, 2015, pp. 3017 – 3023.

Li, Z. , et al. , "Green Loan and Subsidy for Promoting Clean Production Innovation", *Journal of Cleaner Production*, Vol. 187, No. 6, 2018, pp. 421 – 431.

Liang, W. , "Information Content of Repurchase Signals: Tangible or Intangible Information", *Journal of Banking & Finance*, Vol. 36, No. 1, 2012, pp. 261 – 274.

Liao, F. , Molin, E. , Van Wee, B. , "Consumer Preferences for Electric Vehicles: A Literature Review", *Transport Reviews*, Vol. 37, 2017, pp. 252 – 275.

Lieven, T. , et al. , "Who Will Buy Electric Cars? An Empirical Study in Germany", *Transportation Research Part D: Transport and Environment*, Vol. 16, No. 3, 2011, pp. 236 – 43.

Lin, B. , Luan, R. , "Do Government Subsidies Promote Efficiency in Technological Innovation of China's Photovoltaic Enterprises?", *Journal of Cleaner Production*, Vol. 254, 2020, p. 120108.

Ling, S. , et al. , "The Impact of Green Credit Policy on Technological Innovation of Firms in Pollution-Intensive Industries: Evidence from China", *Sustainability*, Vol. 12, No. 11, 2020, p. 4493.

Liu, C., Huang, W., Yang, C., "The Evolutionary Dynamics of China's Electric Vehicle Industry-Taxes vs. Subsidies", *Computers & Industrial Engineering*, Vol. 113, No. 11, 2017, pp. 103 – 122.

Liu, D., et al., "Do More Subsidies Promote Greater Innovation? Evidence from The Chinese Electronic Manufacturing Industry", *Economic Modelling*, Vol. 80, 2019, pp. 441 – 452.

Liu, J., "Research on The Effect of China's Fiscal Subsidies for The New Energy Vehicles", *Chinese Academy of Fiscal Sciences*, 2017.

Liu, L., et al., "Is China's Industrial Policy Effective? An Empirical Study of The New Energy Vehicles Industry", *Technology in Society*, Vol. 63, 2020, p. 101356.

Liu, L., Zhao, Z., "Simulation of The Running Mechanism of Multi-Agent Innovation Network when Fiscal Subsidy Drops Out: A Case of New Energy Vehicles", *Science Research Mangament*, Vol. 37, No. 8, 2016, pp. 58 – 66.

Liu, W., Zeng, L., Wang, Q., "Psychological Distance Toward Air Pollution and Purchase Intention for New Energy Vehicles: An Investigation in China", *Frontiers in psychology*, Vol. 12, 2021, p. 817.

Liu, Z., Li, Q., "The Government Subsidy Strategy Choice for Firm'S R&D: Input Subsidy or Product Subsidy?", *Economics Research International*, Vol. 2014, 2014, p. 5.

Lokshin, M., Sajaia, Z., "Maximum Likelihood Estimation of Endogenous Switching Regression Models", *Stata Journal*, Vol. 4, No. 3, 2004, pp. 282 – 289.

Luo, G. Y., Brick, I., Frierman, M., "Strategic Decision Making of The Firm under Asymmetric Information", *Review of Quantitative Finance and Accounting*, Vol. 19, No. 2, 2002, pp. 215 – 237.

Maddala, G. S., "Limited-Dependent and Qualitative Variables in Econometrics", *Cambridge England Cambridge University Press*, Vol. 79, No. 387, 1983, pp. 80 – 81.

Marino, M., et al., "Additionality or Crowding-Out? An Overall Evaluation of Public R&D Subsidy on Private R&D Expenditure", *Research Policy*, Vol. 45, 2016, pp. 1715 – 1730.

Meuleman, M., De Maeseneire, W., "Do R&D Subsidies Affect Smes' Access to External Financing", *Research Policy*, Vol. 41, No. 3, 2012, pp. 580 – 591.

Montmartin, B., Herrera, M., "Internal and External Effects of R&D Subsidies and Fiscal Incentives: Empirical Evidence Using Spatial Dynamic Panel Models", *Research policy*, Vol. 44, No. 5, 2015, pp. 1065 – 1079.

Moore, G., *Crossing The Chasm: Marketing and Selling Hightech Products to Mainstream Customers*, New York: Harper Collins, 2002.

Mussa, M., Rosen, S., "Monopoly and Product Quality", *Journal of Economic theory*, Vol. 18, No. 2, 1978, pp. 301 – 317.

Myers, S. C., Majluf, N. S., "Corporate Financing Decisions When Firms Have Information Investors Do Not Have", *Journal of Financial Economics*, Vol. 13, No. 2, 1984, pp. 187 – 221.

Neaimeh, M., et al., "Analysing The Usage and Evidencing The Importance of Fast Chargers for The Adoption of Battery Electric Vehicles", *Energy Policy*, Vol. 108, 2017, pp. 474 – 486.

Noel, L., et al., "Understanding The Socio-Technical Nexus of

Nordic Electric Vehicle (EV) Barriers: A Qualitative Discussion of Range, Price, Charging and Knowledge", *Energy Policy*, Vol. 138, 2020, pp. 111 – 292.

Patrick, K., "Patients and their medical records: it is time to embrace transparency", *CMAJ*, Vol. 186, No. 11, 2014, pp. 811 – 811.

Peng, H., Liu, Y., "How Government Subsidies Promote The Growth of Entrepreneurial Companies in Clean Energy Industry: An Empirical Study in China", *Journal of Cleaner Production*, Vol. 188, 2018, pp. 508 – 520.

Peters, A., Dütschke, E., "How Do Consumers Perceive Electric Vehicles? A Comparison of German Consumer Groups", *Journal of Environmental Policy & Planning*, Vol. 16, No. 3, 2014, pp. 359 – 77.

Peters, A., Gutscher, H., Scholz, R. W., "Psychological Determinants of Fuel Consumption of Purchased New Cars", *Transp Res Part F: Traffic Psychology Behavior*, Vol. 14, No. 3, 2011, pp. 229 – 239.

Plötz, P., et al., "Who Will Buy Electric Vehicles? Identifying Early Adopters in Germany", *Transp Research Part A: Policy and Practice*, Vol. 67, 2014, pp. 96 – 109.

Potoglou, D., Kanaroglou, P. S., "Household demand and willingness to pay for clean vehicles", *Transportation Research Part D: Transport and Environment*, Vol. 12, No. 4, 2007, pp. 264 – 274.

Rahmani, D., Loureiro, M. L., "Why Is The Market for Hybrid Electric Vehicles (Hevs) Moving Slowly?", *PloS one*, Vol. 13, No. 3, 2018, pp. 193 – 777.

Rezvani, Z., Jansson, J., Bodin, J., "Advances in Consumer

Electric Vehicle Adoption Research: A Review and Research Agenda", *Transportation Research Part D: Transport and Environment*, Vol. 34, 2015, pp. 122 – 136.

Riley, J. G., "Silver Signals: Twenty-Five Years of Screening and Signaling", *Journal of Economic Literature*, Vol. 39, No. 2, 2001, pp. 432 – 478.

Rogers, E. M., *Diffusion of Innovations*, New York, 2003, pp. 115 – 153.

Ross, S. A., "The Economic Theory of Agency: The Principal's Problem", *American Economic Review*, Vol. 63, No. 2, 1973, pp. 134 – 139.

Saha, S., "Firm's Objective Function and Product and Process R&D", *Economic Modelling*, Vol. 36, 2014, pp. 484 – 494.

Sanders, W. G., Boivie, S., "Sorting Things Out: Valuation of New Firms in Uncertain Markets", *Strategic Management Journal*, Vol. 25, No. 2, 2004, pp. 167 – 186.

Sang, Y., Bekhet, H. A., "Modelling Electric Vehicle Usage Intentions: An Empirical Study in Malaysia", *Journal of Cleaner Production*, Vol. 92, 2015, pp. 75 – 83.

Santos, G., Davies, H., "Incentives for Quick Penetration of Electric Vehicles in Five European Countries: Perceptions from Experts and Stakeholders", *Transportation Research Part A: Policy and Practice*, Vol. 137, 2020, pp. 326 – 342.

Schuitema, G., et al., "The Role of Instrumental, Hedonic and Symbolic Attributes in The Intention to Adopt Electric Vehicles", *Transportation Research Part A: Policy and Practice*, Vol. 48, 2013, pp. 39 – 49.

Schulte, I., et al., "Issues Affecting The Acceptance of Hydrogen Fuel", *International Journal of Hydrogen Energy*, Vol. 29, No. 7, 2004, pp. 677-685.

Shafiei, E., et al., "Macroeconomic Effects of Fiscal Incentives to Promote Electric Vehicles in Iceland: Implications for Government and Consumer Costs", *Energy Policy*, Vol. 114, 2018, pp. 431-443.

Shao, Y., et al., "Optimal Battery Recycling Strategy for Electric Vehicle under Government Subsidy in China", *Sustainability*, Vol. 10, 2018, pp. 4855-4872.

Sheng, G. H., Zhang, Z. Y., "Allowance Method's Influence on The Innovation Model Choice in Evolutionary Game", *Journal of Management Sciences in China*, Vol. 18, 2015, pp. 34-45.

Shin, J., et al., "Consumer Preferences and Willingness to Pay for Advanced Vehicle Technology Options and Fuel Types", *Transportation Research Part C*, Vol. 60, 2015, pp. 511-524.

Skippon, S., Garwood, M., "Responses to Battery Electric Vehicles: UK Consumer Attitudes and Attributions of Symbolic Meaning Following Direct Experience to Reduce Psychological Distance", *Transportation Research Part D: Transport and Environment*, Vol. 16, No. 7, 2011, pp. 525-531.

Sousa, N., Almeida, A., Coutinho-Rodrigues, J., "A Multicriteria Methodology for Estimating Consumer Acceptance of Alternative Powertrain Technologies", *Transport Policy*, Vol. 85, 2020, pp. 18-32.

Spence, M., "Job Market Signaling", *The Quarterly Journal of Economics*, Vol. 87, No. 3, 1973, pp. 355-374.

Su, D., et al., "Factors Affecting User Satisfaction with New Energy

Vehicles: A Field Survey in Shanghai and Nanjing", *Journal of Environmental Management*, Vol. 270, 2020, p. 110857.

Takalo, T., Tanayama, T., Toivanen, O., "Estimating The Benefits of Targeted R&D Subsidies", *Review of Economics and Statistics*, Vol. 95, No. 1, 2013, pp. 255–272.

Takalo, T., Tanayama, T., "Adverse Selection and Financing of Innovation: Is There A Need for R&D Subsidies", *The Journal of Technology Transfer*, Vol. 35, No. 1, 2010, pp. 16–41.

Tamor, M. A., Gearhart, C., Soto, C., "A Statistical Approach to Estimating Acceptance of Electric Vehicles and Electrification of Personal Transportation", *Transportation Research Part C: Emerging Technologies*, Vol. 26, 2013, pp. 125–134.

Tassey, G., "Policy Issues for R&D Investment in a Knowledge-Based Economy", *The Journal of Technology Transfer*, Vol. 29, No. 2, 2004, pp. 153–185.

Teece, D. J., Pisano, G., Shuen, A., "Dynamic Capabilities and Strategic Management", *Strategic Management Journal*, Vol. 18, No. 7, 1997, pp. 509–533.

Teece, D. J., "Explicating dynamic capabilities: the Nature and Microfoundations of (Sustainable) Enterprise Performance", *Strategic Management Journal*, Vol. 28, No. 13, 2007, pp. 1319–1350.

Venkatesh, V., et al., "User Acceptance of Information Technology: toward A Unified View", *MIS Quarterly*, Vol. 27, No. 3, 2003, pp. 425–478.

Wang, H., et al., "Development of Natural Gas Vehicles in China: An Assessment of Enabling Factors and Barriers", *Energy Policy*,

Vol. 85, 2015, pp. 80 – 93.

Wang, N., Pan, H., Zhang, W., "Assessment of The Incentives on Electric Vehicle Promotion in China", *Transportation Research Part A: Policy & Practice*, Vol. 101, 2017, pp. 177 – 189.

Wang, N., Tang, L., Pan, H., "Effectiveness of Policy Incentives on Electric Vehicle Acceptance in China: A Discrete Choice Analysis", *Transportation Research Part A: Policy and Practice*, Vol. 105, 2017, pp. 210 – 218.

Wang, S., et al., "The Impact of Government Subsidies or Penalties for New-Energy Vehicles A Static and Evolutionary Game Model Analysis", *Journal of Transport Economics and Policy*, Vol. 49, No. 1, 2015, pp. 98 – 114.

Wang, W., Chen, L., "Supplier and Government R&D Subsidization in The Presence of Technological Spillovers", *Studies in Science of Science*, 2015, pp. 363 – 368.

Wang, Y., Fan, W., "R&D Reporting Methods and Firm Value: Evidence from China", *Chinese Management Studies*, Vol. 8, No. 3, 2014, pp. 375 – 396.

Wu, A., "The Signal Effect of Government R&D Subsidies in China: Does Ownership Matter?", *Technological Forecasting and Social Change*, Vol. 117, 2017, pp. 339 – 345.

Xiang, Z., et al., "Product Design: Impact of Government Policy and Consumer Preference on Company Profit and Corporate Social Responsibility", *Computers & Chemical Engineering*, Vol. 118, 2018, pp. 118 – 131.

Xiong, Y., Fan, S., Liu, X., "The Difference of Fiscal Subsidies for New Energy Vehicles and R&D Investment Intensity of The Manufacturers: An Analysis Based on The Heterogeneity of The Manufacturer's Strategic Decision", *Science of Science and Management of S. & T*, Vol. 39, 2018, pp. 72 – 83.

Yang, D., Xiao, T., "Pricing and Green Level Decisions of A Green Supply Chain with Governmental Interventions under Fuzzy Uncertainties", *Journal of Cleaner Production*, Vol. 149, 2017, pp. 1174 – 1187.

Yang, Y., "Government Preference and The Optimal Choice of R&D Subsidy Policy: Innovation Subsidy or Product Subsidy?", *Journal of Applied Mathematics*, Vol. 2014, 2014, p. 9.

Yang, Y. C., Nie, P. Y., "R&D Subsidies under Asymmetric Cournot Competition", *Economic Research-Ekonomska Istraživanja*, Vol. 28, 2015, pp. 830 – 842.

Ye, R. K., et al., "Moving from Subsidy Stimulation to Endogenous Development: A System Dynamics Analysis of China's Nevs in The Post-Subsidy Era", *Technological Forecasting and Social Change*, Vol. 168, 2021, p. 120757.

Yu, F., et al., "The Impact of Government Subsidies and Enterprises' R&D Investment: A Panel Data Study from Renewable Energy in China", *Energy Policy*, Vol. 89, 2016, pp. 106 – 113.

Yu, F., Wang, L., Li, X., "The Effects of Government Subsidies on New Energy Vehicle Enterprises: The Moderating Role of Intelligent Transformation", *Energy Policy*, Vol. 141, 2020, pp. 111 – 463.

Zhang, B., Yang, Y., Bi., J., "Tracking The Implementation of Green Credit Policy in China: Top-Down Perspective and Bottom-Up Reform", *Journal of Environmental Management*, Vol. 92, No. 4, 2011, pp. 1321 – 1327.

Zhang, L., Qin, Q., "China's New Energy Vehicle Policies: Evolution, Comparison and Recommendation", *Transportation Research Part A: Policy and Practice*, Vol. 110, 2018, pp. 57 – 72.

Zhang, L., Wang, L., Chai, J., "Influence of New Energy Vehicle Subsidy Policy on Emission Reduction of Atmospheric Pollutants: A Case Study of Beijing, China", *Journal of Cleaner Production*, Vol. 275, 2020, pp. 124 – 169.

Zhang, X., et al., "Electric Vehicle Adoption in License Plate-Controlled Big Cities: Evidence from Beijing", *Journal of Cleaner Production*, Vol. 202, No. 11, 2018, pp. 191 – 196.

Zhang, X., et al., "Product Design: Impact of Government Policy and Consumer Preference on Company Profit and Corporate Social Responsibility", *Computers & Chemical Engineering*, Vol. 118, No. 10, 2018, pp. 118 – 131.

Zhang, X., Zhang, C., "Optimal New Energy Vehicle Production Strategy Considering Subsidy and Shortage Cost", *Energy Procedia*, Vol. 212, No. 3, 2019, pp. 46 – 55.

Zhang, Y., Yu, Y., Zou, B., "Analyzing Public Awareness and Acceptance of Alternative Fuel Vehicles in China: The Case of EV", *Energy Policy*, Vol. 39, No. 11, 2011, pp. 7015 – 7024.

Zhao, S., Zhu, Q., Cui, L., "A Decision-Making Model for Remanufacturers: Considering both Consumers' Environmental Preference and The Government Subsidy Policy", *Resources, Conservation and Recycling*, Vol. 212, No. 3, 2019, pp. 46 – 55.

Zheng, X. T., Liu, J. P., "The Effective Combination of Tax and Subsidy Policy to Promote R&D Activities", *Industrial Economics Research*, Vol. 7, No. 1, 2018, pp. 26 – 36.

Zhou, J., "Sino-US Trade Negotiations Affect New Energy Vehicles. China's Subsidy Policy in 2019 May Change", *Economic Observer Online*, 2019.

Zhu, L., Song, Q., Sheng, N., "Exploring The Determinants of Consumers' WTB and WTP for Electric Motorcycles Using CVM Method in Macau", *Energy policy*, Vol. 212, No. 3, 2019, pp. 46 – 55.

Zucker, L. G., "Institutional Theories of Organization", *Annual Review of Sociology*, Vol. 13, No. 3, pp. 443 – 464.

Zuo, W., Li, Y., Wang, Y., "Research on The Optimization of New Energy Vehicle Industry Research and Development Subsidy about Generic Technology Based on The Three-Way Decisions", *Journal of Cleaner Production*, Vol. 212, No. 3, 2019, pp. 46 – 55.